NOTES

SUR

MACHIAVEL

MONTESQUIEU ET FERRARI

PAR ÉD. DE LA BARRE DUPARCQ

PARIS

AUX FRAIS DE L'AUTEUR

1879

NOTES

SUR

MACHIAVEL, MONTESQUIEU

ET FERRARI

ÉVREUX, IMPRIMERIE DE CHARLES HÉRISSEY.

NOTES

MACHIAVEL

MONTESQUIEU ET FERRARI

PAR ÉD. DE LA BARRE DUPARCQ

PARIS

AUX FRAIS DE L'AUTEUR

1879

Droits de traduction réservés.

PRÉLIMINAIRES

Je me borne à exprimer l'opinion d'un solitaire.

Il m'a paru curieux de rapprocher trois philosophes qui ont été certes des hommes politiques; voici pourquoi. Ce sont des politiques de cabinet, en ce sens qu'aucun d'eux, quoique le secrétaire de Florence ait été mêlé aux affaires d'un rang secondaire, quoique l'auteur de l'*Esprit des lois* ait exercé les fonctions de président au parlement de Bordeaux, quoique Ferrari ait terminé son existence sur une chaise curule du Sénat italien; aucun, dis-je, n'a été ministre dirigeant, aucun n'a gouverné comme Richelieu ou M. Thiers. Or, cette qualité négative offre un avantage : celui de n'avoir été entraîné par aucune tradition, aucun vestige de pression administrative ; celui de rester vierge de tout préjugé, ce que l'on ne peut affirmer des deux hommes d'Etat

précités. Une telle situation a du prix, au moment
où le trouble des idées, l'oblitération des principes,
la confusion de toutes les visées et tendances
semblent prédominants et prêts à nous entraîner ;
peut-être faut-il puiser aux sources et aux plus neuves,
aux plus pures de mélange et de sophistication, à
celles qui sortent sans contrainte du cerveau d'un
penseur. Je le dis avec conviction, parce que j'envisage ces trois grands esprits comme capables de
donner une impulsion nouvelle à des générations
épuisées par les excès, tout au moins par la phlé-
tore de la civilisation.

On peut, d'ailleurs, unir nos auteurs par un trait
de ressemblance : ce sont, vus d'ensemble, *trois
révolutionnaires*. Machiavel ne veut-il pas affranchir
l'Italie en expulsant les barbares, tentative auda-
cieuse pour son époque ? Montesquieu ne s'étonne-
t-il pas, en l'une de ses *Pensées*, « que les peuples
soient si prêts à croire qu'ils ne sont rien, tandis
que les princes se figurent qu'ils sont tout » ? enfin
Ferrari ne jette-t-il pas un cri en faveur de la libre-
pensée, c'est-à-dire du renversement des croyances ?

De plus, tous trois, politiques à grande échelle,
font de la comédie de caractère, étudiant, retraçant
les passions et les vices, c'est-à-dire les sources de
tout intérêt, de façon à s'adresser à la nature humaine plus qu'à un peuple en particulier.

Je me borne à de simples *Notes* sur ces écrivains remarquables, ne me targuant à leur sujet que d'une compétence restreinte, ne pouvant certes en traiter *ex professo*, et de plus n'ayant jamais voulu leur consacrer une étude, une monographie complète. J'ai butiné sur chacun d'eux ; puis, je fais imprimer mes trouvailles de façon à pouvoir les offrir en lecture à un petit groupe d'amis.

ÉD. DE LA BARRE DUPARCQ.

30 septembre 1878.

MACHIAVEL, MONTESQUIEU & FERRARI

I. MACHIAVEL [1]

On a beaucoup écrit sur le secrétaire florentin ; les œuvres relatives à sa politique forment une imposante bibliographie ; pourtant je crois qu'on n'a pas envisagé comme il faut le sens propre de son système de gouvernement. C'est ce système que je voudrais sinon mettre au grand jour, ce serait ambitieux et le temps me manquerait, du moins façonner et soumettre à mon empreinte en ses points principaux. D'ailleurs il en est ici comme de l'histoire des faits capitaux du passé : chaque époque les apprécie à sa façon. Qui sait par exemple le jugement que les Français du XXIIe siècle porteront[2] sur la Saint-Barthélemy ?

[1] Quelques points de sa politique, c'est-à-dire ses opinions et ses conseils au sujet de la meilleure conduite à tenir en général en politique, nullement ses vues et sa coopération au sujet de la politique de son temps.

[2] Charles IX, dans une pièce officielle, l'attribue aux princes lorrains l'historien Lacretelle la rejette sur l'influence en France de la colonie ita-

Avant tout Machiavel représente un homme pratique ; il veut que vous vous mainteniez au pouvoir, usurpé ou non, qui se trouve dans vos mains, et pour cela tous les moyens lui paraissent bons. A priori il est certain que perpétuer de la sorte un pouvoir de fait, c'est agir dans le but le plus social, éviter les bouleversements et même les crises suscitées par l'établissement de toute autorité nouvelle. On appelait cela jadis en France, après chacun de nos bouleversements, *clore l'ère des révolutions*, et je ne me dissimule pas que chaque vainqueur, en répétant cet axiome vulgaire, prêchait à son profit, mais nous aurions peut-être moins souffert d'être contraints de nous en tenir à l'un deux, non pas qu'il fût meilleur, mais parce qu'il valait les autres, tant les fausses routes se ressemblent.

Je croirais assez ce sceptique fameux de tout principe, en d'autres termes cet adorateur du fait, c'est-à-dire Machiavel, je le croirais assez de ce dernier avis ; il dédaigne et subit les révolutions plus qu'il ne les aime, et, s'il estime seulement le succès, c'est qu'en vérité, au milieu de la ressemblance, dans la médiocrité, des marionnettes politiques de tous les temps, celles-là seules semblent supérieures qui réussissent à vivre et à gouverner quelques heures de plus que les autres. Un gouvernement est fait pour tomber, voilà peut-être tout le secret du secrétaire florentin. Il tombe et par ses fautes et par ses vices ; Bossuet lui-même a-t-il avancé autre chose dans son *Discours sur l'Histoire universelle?*

La religion catholique, interprétée par la paresse et un abandon, qu'il ne faudrait pas exagérer malgré sa

______

tienne ; je me suis rangé, en mon *Histoire de Charles IX*, parmi ceux qui en rendent responsable l'opinion publique.

grandeur morale, semble placer le souverain bien dans l'humilité, et comme telle ôte à chacun la force et la grandeur d'âme qui sont les éléments de l'énergie politique; de là vient, suivant Machiavel[1], que nous avons moins d'opiniâtreté que les anciens, chez lesquels cette opiniâtreté tenait à la liberté autant qu'à cette idée religieuse, qu'ils devaient à tout prix éviter les adversités avant de s'y soumettre et de s'y résigner.

L'oubli de la justice, celui d'une égale répartition des charges, tel est le vice qu'un gouvernement commet sans s'en rendre compte, sans s'apercevoir qu'il s'en fait coupable, parce que la passion l'aveugle et que ses partisans réclament tant de faveurs que, pour les satisfaire, il faut bien en priver les autres; or tel particulier outragé, s'il n'obtient réparation, devient indifférent à changer de maître[2] et dès lors peut chercher à contenter son ressentiment dans la ruine de son pays[3], dût-il rencontrer sa perte au bout de sa vengeance[4].

Machiavel nous montre de la sorte ce qu'il faut éviter.

Ainsi de même qu'on préfère un cheval timide monté par un homme courageux à un fougueux coursier monté par un lâche[5], de même on doit éviter de témoi-

---

[1] *Discours sur Tite Live*, II, II.

[2] *Discours sur Tite Live*, III, XII.

[3] Plus d'un écrivain, sans prétendre à cette ruine, déblatère aussi contre l'autorité parce que celle-ci ne l'a pas soutenu; le caractère du pouvoir, de nos jours, gît dans l'abandon, le désaveu fréquent de ses agents, Néanmoins, les circonstances sont tellement difficiles, je le reconnais, qu'on réhabilitera peut-être un jour ce pouvoir si vivement, si universellement attaqué aujourd'hui.

[4] *Discours sur Tite Live*, II, XXVIII; voyez aussi la fin du chapitre XVI du livre III des mêmes discours, au sujet d'Antonio Giacomini.

[5] *Discours sur Tite Live*, II, XVIII.

gner tout mépris public pour la religion[1], parce que
les coutumes religieuses peuvent être utilisées pour
relever le courage militaire ; de même aussi on ne
négligera pas trop longtemps de soulager le peuple
dans ses besoins[2].

Ainsi encore on évitera les lois à effet rétroactif,
parce qu'elles aggravent en général le mal que l'on
veut guérir[3], et l'on changera avec le temps afin de
se réserver la fortune propice[4].

Ainsi également on rejettera de sa conduite les soubresauts brusques et violents, au moins tant que l'on
n'aura pas en main de nouveaux atouts pour les exécuter sans danger ; dans le cas inverse, par exemple
pour commettre des actes orgueilleux après avoir été
modeste, il sera bon de prendre des intermédiaires,
d'observer des degrés[5].

Mais revenons à la politique professée par Machiavel.

Il ne faut pas, à mon avis, la mesurer à ce précepte
extrême : « N'offensez un homme qu'en vous mettant à
même de ne plus redouter sa vengeance[6] ; » ou, en
d'autres termes : « Si vous touchez un homme puissant,
tuez-le[7]. » Voici pourquoi. Alors que cet auteur parle
des moyens de conserver une conquête sise dans
la même contrée et usant de la même langue, il
ne commande pas seulement « *d'éteindre la race de
l'ancien prince* », il dit également : « *N'altérez ni les*

[1] *Discours sur Tite Live*, I, xiv. Nous reviendrons sur ce sujet ci-après
(v. p. 18).
[2] *Discours sur Tite Live*, I, xxxii.
[3] *Discours sur Tite Live*, I, xxvii.
[4] *Discours sur Tite Live*, III, ix.
[5] *Discours sur Tite Live*, I, xli.
[6] *Le Prince*, chap. iii. Voyez aussi les *Discours sur Tite Live*, III, iv.
[7] *Histoire de Florence*, livre IV ; *Discours sur Tite Live*, 1er, lv.

lois ni le mode des impositions [1]. » C'est indiquer nettement que le meurtre, ou l'empoisonnement des princes
et des puissants, ne constitue pas à lui seul son mode
d'action, mais que la conduite à suivre dans l'administration et la justice importe beaucoup. Ici d'autres
preuves ne nous manqueront pas. La fin du chapitre VIII du *Prince* montre qu'il admet les cruautés au
début d'un règne, à condition de les exécuter *tout d'un
coup*, mais point plus tard [2], car le souverain doit finir
par *rassurer les esprits et par les gagner au moyen de
bienfaits*. Au chapitre X du même écrit il énonce que
le prince doit gagner l'affection de ses sujets par divers
actes de son gouvernement [3], par exemple en se don-
nant la réputation d'un chef clément, sans toutefois
mésuser de la clémence [4], surtout pas de mépris, pas
d'injures; il y a toujours danger pour qui les emploie [5].
Il recommande à un prince établi récemment de renouveler, pour s'affermir, toutes les institutions de l'État [6],
et pourtant, à mon sens, modifier *tout* donne au pays
une telle habitude du changement que le prince lui-
même finit par se trouver menacé d'un pareil esprit de
rénovation. Enfin notre auteur déclare un gouvernement : *le moyen de contenir les sujets de manière qu'ils
ne puissent ni ne doivent l'offenser*; mais il n'entend pas,
en ce passage, qu'on les bride par des cruautés, mais bien

[1] *Le Prince*, chap. III; voyez aussi les *Discours sur Tite Live*, III, IV.

[2] Reportez-vous aux *Discours sur Tite Live*, I, XLI.

[3] Voyez aussi le chap. XIX : « Qu'il faut éviter d'être méprisé et haï. »

[4] *Le Prince*, chap. XVII. Machiavel blâme la clémence de Scipion, qui
« savait mieux ne pas commettre de fautes que corriger celles des
autres ». Sur la clémence, lisez le chap. XIX du livre III des *Discours sur
Tite Live*.

[5] *Discours sur Tite Live*, II, XXVI.

[6] *Discours sur Tite Live*, I, XXVI. et III, XLIX.

par des mesures nettes et décidées[1]. Ses cruautés d'ailleurs, celles qu'il croit nécessaires, ont pour but, à la naissance d'un pouvoir, « d'épouvanter *par un exemple terrible*, comme celui de la mise à mort des fils de Brutus,
les ennemis du nouvel ordre de choses »[2]. De tout ceci
il résulte que, chez lui, l'emploi des moyens sanglants
forme l'exception, constitue un recours extrême, et
n'est certes pas son mode préféré[3]. Seulement il ose les
citer et les préconiser.

Machiavel veut qu'on ramène un Etat, *comme une
religion*, à son premier principe; sinon, assure-t-il, il ne
dure pas[4]. Il ne faut pas confondre cette recommmandation avec celle de renouveler les institutions faite à
un prince dont l'avènement est récent et que nous
venons de mentionner.

A son sens la guerre est la vraie profession de quiconque gouverne[5]; par les armes le prince s'élève et
empêche qu'on le méprise. Il a raison en ce qu'il suppose *tous* les sujets armés; en effet si le chef est désarmé, il reste dès lors sans défense au milieu d'eux.
Et non-seulement il doit savoir manier les armes, mais
ne jamais oublier ce maniement et pour cela s'y
exercer, par des manœuvres militaires et par la chasse
qui l'endureira et lui fera connaitre le fort et le faible

[1] *Discours sur Tite Live*, II, xxiii.

[2] *Discours sur Tite Live*, III, iii.

[3] Ce serait autant la ruse. Voyez *Discours sur Tite Live*, II, xiii, et III, xl; mais il ne résulte pas expressément et toujours de là que Machiavel préfère la douceur à la rigueur, la clémence à la cruauté; comme le dit, à la fin de sa maxime IV, l'auteur de l'*Apologie pour Machiavel* publiée en tête de l'édition de ses œuvres, par M. Buchon, dans le *Panthéon littéraire*.

[4] *Discours sur Tite Live*, III, i.

[5] *Le Prince*, chap. xiv.

de son pays. On le voit, le secrétaire de Florence veut un souverain sans cesse adonné à l'action.

Il était difficile au début du xvie siècle, temps où vivait Machiavel, d'envisager la politique en dehors du prince : aussi ce grand écrivain rapporte-t-il tout à ce chef, même dans ses écrits autres que *le Prince*, du moins en ce qui concerne les temps contemporains, comme ses *Discours sur la 1re décade de Tite Live* et son *Histoire de Florence* en font foi.

Ce prince à son appréciation, chacun le sait, n'est pas tenu à l'observation de sa parole, alors qu'il a été contraint par la force de faire une promesse[1] : le résultat, avantageux bien entendu pour lui et pour son peuple, tel doit être son principe, son unique objectif. Devant un pareil résultat il ne deviendra ni méprisable, ni odieux aux siens, comme s'il était rapace des biens de ses sujets ou de l'honneur de leurs femmes[2], les deux seuls sévices qui imposent *au commun des hommes*. Ici, remarquons-le, l'auteur de *la Mandragore*, considère la voie bonne pour un gouvernant dès qu'il a écarté la masse, le nombre, dès qu'il « n'a plus à lutter que contre l'ambition d'un petit groupe d'individus, qu'il est aisé et qu'on a en effet mille moyens de réprimer[3] ». La bienveillance du peuple, il l'exprime ouvertement, raréfie les conspirations. Cela seul mettrait une différence entre M. Thiers et lui, si le mot de vile multitude n'était une boutade du premier.

A côté de cette bienveillance des masses, ou de leur portion la plus puissante, il nous faut noter une qualité

[1] *Le Prince*, chap. xviii : « Que le prince songe *uniquement* à conserver sa vie et son État. »

[2] *Le Prince*, chap. xix.

[3] *Le Prince*, chap. xix.

que Machiavel exige absolument d'un prince, *la fermeté;* abandonner les rênes de l'Etat à d'autres mains, à des mains débiles, surtout féminines, lui ôte promptement tout prestige, et amène sa chute.

Cette fermeté, jointe au soin de n'offenser gravement personne dans son entourage, le garantit des tentatives d'assassinat toujours faciles, « car quiconque méprise sa vie est maître de celle des autres [1] ».

Je voudrais encore mettre en relief une fine observation de Machiavel, celle de la fidélité et de l'utilité des personnes qui avaient paru suspectes au prince au *moment de l'établissement de sa puissance;* en effet, sans poser de règles générales, ces personnes sont faciles à gagner par plusieurs motifs: une fois le nouveau système installé, elles regrettent de ne plus être rien, souvent elles ont besoin d'appui, elles désirent en général effacer la mauvaise impression conçue à leur égard; aussi, enfin ralliées, elles serviront à merveille [2]. Cette observation a de la portée et se réalise fréquemment, comme on le vit sous le règne de Napoléon III [3].

J'aime moins la ligne tracée par le secrétaire florentin, pour qu'un prince acquiert de la réputation [4].

[1] *Le Prince,* chap. xix.

[2] *Le Prince,* chap. xx.

[3] Au sujet du nom de Napoléon, rappelons que M. Mazères, dans son volume daté de 1816 et intitulé *De Machiavel et de l'influence de sa doctrine,* 1 vol. in-8°, Paris, chez Pillet, déclare Napoléon Ier de l'école de Machiavel, et attribue tout ce qu'il a fait de mal à ses inspirations. Suivant lui, le premier des Napoléons est un *Castruccio* à grande échelle. — Laissant cette assertion passionnée, nous ajouterons que Napoléon tenait en effet en estime les écrits de l'auteur florentin, déclarant qu'il était à *lire* avant Gibbon; et de fait, ses pages sont plus viriles que celles de l'écrivain anglais. — A sa page 222, Mazères attaque également Richelieu, dont les éloges sont, dit-il, usurpés.

[4] *Le Prince,* chap. xxi.

Il veut en effet qu'il parvienne à se faire croire supérieur au commun des hommes : ce n'est probablement qu'une forme dubitative, qu'un manteau de sceptique enveloppant sa phrase, car ailleurs notre écrivain déclare imprudent de s'allier à un prince qui possède plus de réputation que de forces réelles[1] et cependant pour des yeux modernes, combien il serait préférable que l'auteur eût dit formellement : « Le prince doit s'efforcer de devenir effectivement supérieur au reste des hommes. » Quoi qu'il en soit, il paraît singulier que Machiavel, qui désire pour son prince les dehors de la réputation, lui prescrive de fuir les flatteurs[2], gens habiles à en échafauder une : à ce sujet je considère ce dernier précepte comme théorique, tandis que la maxime de se donner l'apparence d'un génie, tout au moins d'un esprit au-dessus du vulgaire, appartient exclusivement à l'ordre pratique et même un peu vulgaire. Là où l'auteur du *Prince* se reconnaît le mieux, c'est quand il veut que le souverain prenne conseil, mais seulement alors qu'il le croit opportun, et qu'il ne laisse personne lui donner un avis qui ne soit demandé par lui, et il pousse tellement son idée dans ce sens, qu'à son appréciation « un prince qui n'est pas sage par lui-même ne saurait être bien conseillé ». Il se reconnaît encore quand il avertit combien un bon conseiller peut être tenté de *s'emparer du pouvoir*, dès qu'il reconnaît combien son influence personnelle contribue à la marche du char de l'État, car de la méfiance à cet égard devient prudence chez le possesseur du pouvoir, quoique Cinéas vis-à-vis de Pyrrhus, Oxens-

[1] *Discours sur Tite Live*, II, xi.
[2] *Le Prince*, chap. xxiii.

tiern vis-à-vis de Gustave-Adolphe, et Cambacérès vis-à-vis de Napoléon Ier, n'aient jamais arboré de pareilles visées.

Un état se consolide, articule Machiavel, « par de bonnes lois, de bonnes armes, de bons alliés et de bons exemples[1] ». Il se perd surtout par la négligence en ce qui concerne les forces militaires et par la haine du peuple, ou trop d'indépendance laissée aux grands.

Quant à la fortune, comme elle est changeante de sa nature, il le savait lui qui, après maints *jours de douleur*, ne voyait où tourner son visage suppliant[2]; le mieux consiste à se modifier à son imitation, sinon elle vous abandonne; il faut aussi la brusquer, la violenter même, sa prédilection étant pour les audacieux[3]. Toutefois il est de ces changements que la prudence signale comme devant s'accomplir avec des degrés successifs, par exemple quand, de clément, un souverain juge nécessaire de devenir cruel[4], parce qu'alors ce souverain prendra avec précaution ses mesures pour plaire au peuple par d'autres côtés et pour capter ses faveurs grâce à des concessions particulières.

Il est utile de l'indiquer, tant une patrie en temps de révolution devient difficile à servir, on doit tout oublier[5], injustice, injure, sévices même, lorsqu'il s'agit de son pays; le salut de l'Etat avant tout, et pour assurer ce salut que chacun, même les offensés, se dé-

[1] *Le Prince*, chap. xxiv.

[2] Prologue de *la Mandragore*.

[3] *Le Prince*, chap. xxv. Ces changements de conduite correspondent aux *points de rebroussement*, dont j'ai parlé à la fin de mon article sur l'*Arithmétique dans l'histoire* de Ferrari que reproduit cette brochure.

[4] *Discours sur Tite Live*, I, xli.

[5] *Discours sur Tite Live*, III, xlvii.

vouent. Voilà le sentiment vrai et louable, d'autant
plus louable qu'il peut être pénible et coûter, soit à
l'amour-propre, soit au désir de vengeance que l'on
caressait, sentiment tout de conscience, entièrement
personnel, par conséquent dépourvu du moindre symptôme d'ambition. On peut posséder ce sentiment et le
mettre en œuvre fort modestement ; toutefois il est tel,
et d'une nature si élevée, que je le rattacherais plutôt,
comme beaucoup d'élans nés dans le fond le plus pur
du cœur, que je le rattacherais, dis-je, à la poésie et
non à la prose.

Il existe, dans le système politique de Machiavel, des
recommandations futiles, naïves en apparence et cependant exactes et importantes. En voici une : « C'est un
mauvais exemple que de ne pas observer une loi, surtout lorsqu'on en est l'auteur[1]. » On doit toujours en
effet se conformer à une loi, récente ou ancienne,
même envers les individus coupables de crimes qui
méritent les plus grands supplices, car le degré de
culpabilité ne fait rien ici et n'entame point l'utilité
générale du respect des choses de la justice. Telle est
encore cette recommandation : si la nécessité vous
contraint à une action, sachez vous en faire un mérite,
semblez l'exécuter de vous-même, au besoin feignez la
grandeur d'âme[2].

Moins futile est le conseil de ne pas faire parade de
ses richesses. Si on les montre à des ennemis, souvent
ils jettent le masque, vous attaquent, vous dépouillent,
comme les Gaulois agirent vis-à-vis d'un roi de Macédoine, l'un des successeurs d'Alexandre le Grand[3]; et si

[1] *Discours sur Tite Live*, I, xlv.
[2] *Discours sur Tite Live*, I, li.
[3] *Discours sur Tite Live*, II, x.

c'est à des amis que l'on fait cette confidence, ils n'épargneront aucune sollicitation, soit pour vous soutirer de riches présents, soit pour vous entraîner dans des entreprises ruineuses. Ne point divulguer le secret de sa bourse, telle est l'habitude la plus sage et la plus profitable à tous les âges, dans toutes les positions de la vie; elle vous laisse libre de disposer de vos ressources, et cette pleine disposition constitue une puissance, elle n'excite aucune tentation qui vous soit préjudiciable, enfin elle vous garantit de tout soupçon.

Machiavel n'a pas précisément, suivant le mot de Dumouriez: « Si j'étais le roi, je me ferais jacobin pour déjouer tous les partis »; n'a pas, disons-nous, prescrit à un chef de gouvernement de se faire révolutionnaire, en d'autres termes de se mettre à la tête d'une révolution, afin de la diriger et de la contenir, mais c'est bien la même série d'idées, et les deux voies se rattachent l'une à l'autre, lorsqu'il conseille, afin de *réprimer l'ambition d'un citoyen* qui déjà réussit à capter la faveur de la multitude, de le devancer dans son système, dans ses adroits agissements[1], bien entendu en commençant par découvrir ses moyens s'ils sont cachés, par les deviner s'il ne les a pas encore produits au grand jour.

Déjà il a mis en garde contre ceux qui possèdent, les accusant d'exciter souvent les troubles: *la crainte de perdre*, prétend-il, *fait naître les mêmes passions que le désir d'acquérir*, et plus on possède, *plus la force s'accroît, plus il devient facile de remuer l'Etat*[2]. Je range-

---

[1] *Discours sur Tite Live*, I, LII.
[2] *Discours sur Tite Live*, I, v.

rais cette maxime au rang des plus soupçonneuses, je dirais qu'elle doit faire beaucoup de mal quand elle fermente dans le cerveau d'un prince, parce que contre les riches il existe, outre la mort, la peine de la confiscation, qui allèche son entourage et doit dans ce cas pousser les courtisans à la délation et à la cruauté. Machiavel, à mon avis, détourne la question; il ne faut pas examiner quel est, dans une République, le citoyen le plus dangereux, ou celui qui veut acquérir, ou celui *qui veut ne rien perdre*; à ce dernier je substituerais celui qui ne *peut* rien perdre, et alors ce serait souvent le même que le premier, principalement quand il s'agit d'aquérir *à tout prix*.

Pour un grand homme, au moins un homme de renom, Machiavel le présente comme un sauveur non pas en ce qui concerne la politique, car là le succès de son apparition, de son influence dépend de mille causes, et surtout il lui faut se montrer et agir au moment favorable, avec des circonstances heureuses, mais il insiste sur son utilité en cas de soulèvement [1] : alors en effet, avant que la crise ne soit à l'état aigu, un personnage respectable qui surgit, parle, promet, peut beaucoup et amène ordinairement la pacification et la concorde.

Vis-à-vis de ce personnage le pays pourra par la suite se montrer ingrat : n'oublions pas qu'un prince commet, plus qu'une République, le péché d'ingratitude envers un sujet de mérite et qui se distingue par de grandes actions, au moins au dire de Machiavel qui pose à cet égard divers procédés, maintes précautions, afin que ce sujet puisse éviter de devenir la victime de

----

[1] *Discours sur Tite Live.* I. LIV.

ladite ingratitude[1]. J'aurais préféré que Machiavel eût considéré tout pouvoir comme forcément ingrat, quelle que soit sa forme et d'où provienne son origine ; alors il eût cherché à démontrer son opinion, c'est-à-dire à prouver que le pouvoir monarchique est plus ingrat encore que le pouvoir républicain malgré le caractère anonyme de ce dernier.

Notre auteur ne semble pas croire à la possibilité d'une République là où ne règne pas l'égalité, et à la viabilité d'une principauté là ou cette égalité existe[2] ; c'était la croyance ancienne. De nos jours on a vu des principautés basées sur la démocratie, de même qu'il avait subsisté au xvie siècle[3] et antérieurement des Républiques aristocratiques.

Non-seulement il ne veut pas qu'on laisse se produire publiquement du mépris pour la religion, nous l'avons dit en commençant, mais il recommande au prince de *paraître* religieux[4], non par conviction ou foi, car sa croyance était à peu près nulle, mais comme un moyen de se donner auprès des masses populaires un reflet avantageux. Puis il ajoute: « Il est même bon que le prince *soit cela en réalité* ; mais il faut en même temps qu'il soit assez maître de lui pour pouvoir, et savoir au

---

[1] *Discours sur Tite Live*, I, xxix et xxx. Machiavel veut aussi que la calomnie soit punie, *Discours sur Tite Live*, I, viii ; mais il ne va pas, dans sa guerre contre l'injustice des paroles, jusqu'à protéger le sourd et l'aveugle, comme la Bible. *Lévitique*, chap. xix, verset 14.

[2] *Discours sur Tite Live*, I, lv.

[3] N'oublions pas que Machiavel ne considère pas les sénateurs de Venise comme des *gentilhommes* à priviléges. Lisez *Discours sur Tite Live*, I, lv. Vettori, en son *Sommario della Storia d'Italia*, suppute alors à Venise 3,000 gentilshommes pour *cent mille* plébéiens.

[4] *Le Prince*, chap. xviii : « Il faut, qu'à le voir et à l'entendre, on le croie plein de sincérité, d'humanité, d'honneur et *principalement de religion, qui est encore ce dont il importe le plus d'avoir l'apparence.* »

besoin, montrer les qualités opposées. » On a remarqué
avec raison que le roi Louis-Philippe avait pris le
contre-pied de ce précepte, en affectant de ne pas paraître religieux au début de son règne, puis en passant
de l'indifférence à la pratique, voie fausse, au moins
d'après Machiavel, quoique voie habituelle des hommes
qui se font ermites après avoir été diables, et en tout
cas voie peu politique ; car un vernis religieux ne dé-
pare jamais un chef puissant [1] en le montrant lui aussi
inclinant son front devant une autorité réputée supé-
rieure à la sienne.

Il est une observation de l'auteur des *Discours sur
Tite Live* navrante pour les cœurs doux, pour les esprits
timides ; pour ceux qui emploient, comme principal
moyen d'action, la conciliation et son cortége habituel,
des formes polies, un ton pénétrant, la franchise, la
bonté, c'est que « *la modération, loin d'être utile, n'est
que trop souvent nuisible* » ; et ailleurs : « Être humain et
débonnaire n'est utile à personne autant qu'à celui qui
s'est rendu propre à cette vertu [2]. » Voici les raisons
qu'il en donne, et chacun agira sagement en les mé-
ditant. Chez les hommes envieux et méchants, la
patience d'autrui a pour résultat d'accroître l'orgueil,
de faire naître l'insolence. Cette vérité s'applique aux
particuliers comme aux princes. Aussi vaut-il mieux
montrer les dents et se mettre sur le pied de défense ;
en un mot, si vous cédez, que ce soit devant la force,
plutôt que devant la crainte [3]. Il pouvait d'autant plus

---

[1] Relativement à l'utilité de la religion dans un Etat, lisez le chap. xii,
du livre 1er des *Discours sur Tite Live*.

[2] Fin du dialogue sur la colère.

[3] Ainsi fit l'Autriche en 1859 et en 1866 ; elle n'abandonna la Lombardie, puis la Vénétie, que contrainte et forcée, et cependant on lui

médire de la modération qu'elle lui avait nui, à lui qui fut toujours un démocrate modéré[1].

Et si Machiavel conseille ainsi de céder, c'est qu'il est l'auteur de la théorie de la force dont il prône un emploi tel qu'on a été jusqu'à le caractériser d'*odieux*. Ce n'est pas le lieu d'examiner si cet emploi extrême n'a pas reparu de nos jours, et avec un succès qui justifie l'audacieux et le rude système du secrétaire florentin ; mais c'est le cas ou jamais d'exprimer combien cet emploi, et ce système, sont pratiqués et viennent en aide à une vigoureuse réalisation des vœux, des décisions de la politique, laquelle en somme est d'usage humain et nullement destinée à végéter à l'état théorique pur, laquelle est après tout un art d'application avant de devenir par abstraction une science.

Dans cet emploi de la force quand même, à l'exclusion de tout droit, il faut distinguer l'emploi *contre les sujets*, ou la tyrannie, et l'emploi contre l'étranger, ou l'ambition au profit de sa principauté, de son pays. Contre le 1er genre d'emploi, Hubert Languet dans les *Vindiciæ*, où il présente les rois comme *vassaux des peuples*, s'est fait l'adversaire de Machiavel comme Bodin dans sa *République*, où il veut que les principes de morale et de justice prédominent dans la politique ; contre le 2e emploi, on ne rencontre en général que les protestations des vaincus.

Ne cédez jamais au point d'acheter vos amis, encore moins au point de vous racheter à prix d'or d'une menace d'attaque simulée ou préparée par votre ennemi. Ja-

avait assez insinué auparavant de céder ces provinces volontairement, bonne volonté qui n'aurait plus eu de limite, car le lendemain on lui eût demandé autre chose.

[1] *Histoire de la littérature italienne*, par M. Étienne, 1875, p. 292.

mais les Romains ne tombèrent dans pareille faute au moment de la plénitude de leur force et de leur liberté. Ils ne le firent que sous de mauvais empereurs *qui préféraient l'ombre au soleil*[1]. Même leur allié, cet allié, qu'ils se ménageaient toujours en cas de guerre éloignée, et dans le voisinage de l'adversaire[2], jamais ils ne cimentaient leur union avec lui par un tribut ou par une forte somme une fois payée, mais par d'autres avantages, accroissement de territoire, longue alliance, abondance commerciale, priviléges religieux, etc.

Plutôt que de céder, il vaut mieux *temporiser* en face d'un grand danger qu'on est incapable d'aborder ou de réduire en le prenant de front : « Les efforts qu'on ferait pour le détruire ne feraient, déclare Machiavel, qu'ajouter à ses forces et en précipiter l'explosion[3]. » Souvent en choisissant le *temps pour auxiliaire*, le mal s'évanouit ou du moins *on recule la catastrophe*; mais il faut se garder d'oublier le péril en cherchant trop à l'éloigner, ce serait *étouffer la plante en voulant l'arroser*. Ici la voie tracée par notre auteur peut être bonne et certes il faut la connaître ; toutefois l'application du précepte reste délicate, c'est une affaire de mesure.

Machiavel était-il pour la parfaite union conjugale ? Il ne vécut pas en mauvais termes avec sa femme, mais on sait qu'il lui fut infidèle au moins dans le voisinage de ses cinquante ans[4], et que la liaison qu'il

---

[1] *Discours sur Tite Live*, II, xxx.

[2] Montesquieu, *Grandeur et décadence des Romains*, chap. vi.

[3] *Discours sur Tite Live*, I, xxxiii.

[4] Sans compter la Riccia. — Voyez ses lettres à Vettori, des 19 décembre 1513 et 4 février 1513 (1514).

entretint alors l'enlaçant dans tant de *douceurs*, de *consolations*, par rapport à ses maux passés, et dans des *conversations si délicieuses* qu'il en négligeait de *lire les choses antiques* et de *raisonner des choses modernes*[1]. Est-ce pareille infidélité, ou tout autre accroc au contrat conjugal qui lui fait déclarer, dans un *Règlement pour une société de plaisir*[2], l'exclusion des belles-mères? C'est peu probable; cette exclusion ne semblant avoir d'autre but, et c'est là un vrai trait de politique qui ne doit pas étonner de la part de Machiavel, que de laisser les jeunes femmes, associées à cette partie, plus libres de leurs actions. On ignore d'ailleurs ce que fut sa belle-mère et surtout le caractère qui la distinguait. D'ailleurs eût-il témoigné contre elle sous des couleurs sombres, il ne faudrait pas oublier qu'il possédait, au milieu d'une population naturellement caustique[3], un degré de malignité de plus que les autres[4], comme en fait foi la fin de son poëme

[1] Voyez la lettre fréquemment citée, où il détaille à Vettori cette curieuse confidence; elle porte la date du 18 décembre 1513, et fut retrouvée en 1810.

[2] Imprimé à la fin de ses œuvres, art. 20. — Ne nous étonnons pas de voir Machiavel coopérer à une pareille société; on sait qu'il était *dépensier*. C'est lui qui nous l'apprend : « Ma famille se passe d'autant mieux de moi que je lui suis continuellement à charge, ayant contracté l'habitude de la dépense et ne *pouvant m'astreindre à l'économie*. » Lettre xxxiii, à Vettori, datée de 1514. Cette même lettre indique la répugnance de l'illustre écrivain à parler de sa pauvreté qui l'empêcha de jamais monter au rang d'ambassadeur, car tout était fort cher en diplomatie, surtout l'expédition des courriers, et Florence payait peu ses représentants à l'étranger. Dans une épître précédente, adressée le 16 avril 1513 au même correspondant, il déclare que « si quelquefois il chante, c'est qu'il n'a que cette voix pour exhaler ses douleurs et ses larmes. »

[3] Celle de Florence.

[4] Il l'avoue lui-même à la fin du prologue de *la Mandragore* : l'esprit de Machiavel était à la fois futé et paradoxal.

l'Ane d'or où il déclare le pourceau plus heureux que l'homme.

J'ai écrit[1] : « On reste aujourd'hui indifférent à qui gouverne ; malheureusement ce résultat tient plus à la médiocrité, à l'avidité des gouvernants qu'à l'indiscipline et autres mauvaises qualités des gouvernés. » C'est l'avis de Machiavel, et je suis heureux de me rencontrer avec lui, car cette maxime jetée sur le papier, un jour de mauvaise humeur contre mon époque[2], ne saurait être une réminiscence. Machiavel dit nettement : *Les fautes des peuples naissent des princes*, et il consacre un chapitre, le vingt-neuvième du troisième livre des *Discours sur Tite Live*, à démontrer cette thèse. Il cite comme exemple principal les désordres entraînés parmi la population par des princes qui, *quoique pauvres, veulent vivre dans le faste*: cela s'applique principalement aux petits souverains de l'Italie, de cette contrée où les habitants *sont pauvres, ambitieux* et *avilis*, en face d'un empereur *changeant*, d'un roi de France *irritable*, d'un roi d'Espagne *brouillon*, d'un roi d'Angleterre *riche* et *audacieux*, de Suisses *brutaux, victorieux et insolents*[3].

Telle est, en ses points fondamentaux, la politique d'un écrivain qui restera jeune par la hardiesse de ses idées, par la justesse d'un grand nombre d'entr'elles.

---

[1] Maxime 1107 de mes cahiers manuscrits, non comprise dans les *Cents de pensées*, brochure parue en 1876.

[2] Toutefois, actuellement, la patience est la première qualité impérieusement réclamée par le trouble général, et la façon d'être qui en résulte, de la part de vos inférieurs comme de vos supérieurs.

[3] Lettre à Vettori, 26 août 1513. Par la fin de cette lettre, on voit combien Machiavel craint que les Suisses ne deviennent les arbitres de l'Italie, à moins que l'intervention de la France ne suffise à les en empêcher.

Écrivain qu'on appréciera graduellement, à chaque époque, suivant le but ou simplement les tendances du moment, parce que l'on pourra sans cesse tirer des arguments de l'arsenal de ses observations. C'est qu'il connaît le cœur humain pour avoir vécu avec toutes les classes de la société [1] et le dépeint sans voile ; c'est qu'il arrache le masque à la fausseté, à la cupidité, aux passions de l'homme, dont il représente un portrait foncièrement vrai, au lieu de dissimuler avec adresse le cortége de ses vices. C'est qu'il ose dire [2], et conseiller, ce que beaucoup pensent tout bas, s'exposant ainsi à de violentes diatribes, mais marchant en avant le front haut, sans nulle indécision, sans fausse modestie.

[1] Les grands, par ses fonctions de secrétaire et ses emplois diplomatiques ; le peuple, parce qu'il se laissait, faute de mieux et afin d'empêcher son cerveau de se moisir, aller à vivre et à *s'encanailler* dans une hôtellerie avec des artisans. Voyez sa lettre à Vettori, de San-Casciano, décembre 1513.

[2] Il donne aussi son avis avec franchise relativement aux choses de la guerre. Outre son *Art de la guerre*, ses lettres sont précieuses à ce sujet ; ainsi on apprend par elles que les Florentins furent obligés, au siége de Pise, en 1499, de fabriquer des balles de bronze, tant le plomb manquait. Reportez-vous à ce sujet au recueil publié à Florence en 1857, par M. Canestrini : *Scritti inediti di Machiavelli risguardanti la storia e la milicia*, p. xxxii, et la lettre du 2 septembre 1499.

II. MONTESQUIEU

CHAPITRE PREMIER

LA POLITIQUE

> « Les lois politiques forment le gouverne-
> « ment, les lois civiles le maintiennent. »
>
> (*Esprit des lois*, I, 3.)

Machiavel a, deux siècles avant Montesquieu, prêché
la doctrine du succès en politique, sans appeler pourtant la politique la *médecine*, ou ce qui serait plus exact,
la *santé* des États. Notre écrivain la reprend sous une
autre forme, assurant *que la vertu n'est point le principe du gouvernement monarchique*[1]. Il s'est, je le sais,
débattu pour l'explication de ce mot *vertu publique*,
c'est-à-dire vertu morale employée pour le bien public. Même après cette définition, bien des gens ont
peine à comprendre[2] comment les monarchies repo-

---

[1] *Esprit des lois*, III, v.

[2] Cela revient à dire que l'explication reste peu claire ; aussi Mably
assure-t-il que Montesquieu entend par honneur « la vertu, ou qu'il n'y
entend rien du tout ». Voyez la fin d'une longue note de son 2ᵉ des *Entretiens de Phocion sur le rapport de la morale et de la politique*.

sent sur l'honneur[1], elles qui subsistent souvent sans vertu. L'honneur pour Montesquieu, c'est l'étiquette; chacun, dans une monarchie, la désire pour soi la plus nette possible; mais, en dehors de cette attache on tient à peu de choses moralement parlant[2], et l'on se borne à observer les lois. Entendez-le plutôt en ce même chapitre : « Les lois tiennent dans une monarchie la place de toutes ces vertus dont on n'a aucun besoin; l'État vous en dispense : une action qui se fait sans bruit y est en quelque façon sans conséquence. » Donc si vous faites mal, que ce soit en silence et, si vous faites une bonne action, tambourinez-la. J'avoue n'avoir jamais vu les gens habiles agir autrement; X... par exemple. Il n'est pas nécessaire pour s'en convaincre d'aller jusque dans les cours, et les courtisans n'ont rien à faire ici; d'ailleurs s'il existe toujours des courtisans, y a-t-il encore des cours ?

Diverses personnes vous crieront avec conviction : chez les commerçants il n'y a point d'honnêteté. Quelle exagération ! Il en est de même du mot de Montesquieu : « Dans une monarchie nulle vertu ! » au moins pour ce que la masse peut en comprendre. Après tout nous ne savons peut-être plus beaucoup, en France, dans cette présente année 1878, ce que c'est qu'une monarchie.

Montesquieu, du reste, mitige son opinion à la fin de son chapitre, disant : « Certainement la vertu n'est pas exclue du gouvernement monarchique, mais elle n'en est pas le ressort. »

[1] *Esprit des lois*, chap. vi.

[2] On sauve sa tête, quitte à porter ensuite le cou *tordu*, comme le disait, en juillet 1770, le duc de Brissac du duc d'Aiguillon. Consultez, à cette date, les *Mémoires secrets de Bachaumont*.

Voltaire me paraît plus net, quand à ce sujet il exprime *que de deux personnes d'un mérite égal, la plus aisée en ses opinions est préférable à l'autre*, comme moins sujette à la tentation. Cette pente paraît dangereuse, car elle peut porter un prince avare à confier les fonctions publiques uniquement à ceux qui les peuvent exercer gratuitement. Souvent je préférerais donner la place, non au plus riche, mais au plus adroit, au plus heureux des deux. De la sorte ce serait à la fois récompenser le mérite et donner une prime à l'ambition, laquelle assurément compte parmi les principes monarchiques.

« Le gouvernement, nous assure l'auteur de l'*Esprit des lois*, est comme toutes les choses du monde : *pour le conserver, il faut l'aimer*[1]. » Je crois qu'ici l'auteur a voulu dire : *Il faut qu'il soit aimé*, et surtout *généralement aimé*. Cela s'applique surtout à la République, car souverain constitutionnel ou despote, le monarque aime la monarchie, et tâche de la faire aimer, tandis que la République s'inquiète peu, ordinairement, de s'admirer et de se faire chérir, et elle ne parvient à l'un et à l'autre qu'avec beaucoup d'observations et chez un peuple réfléchi. Là où l'attention manque, il se commet plus de fautes; la France le sait bien, elle qui s'efforce de corriger le mauvais effet des siennes, dès qu'elle s'en aperçoit.

Cette considération nous amène à parler de l'esprit général d'une nation; d'où provient-il ? « Du climat, de la religion, des lois, des maximes du gouvernement, des exemples des choses passées, des mœurs, des manières. » Telle est la définition fournie par Montesquieu

[1] *Esprit des lois*, IV. v.

lui-même[1] qui a soin d'indiquer que ce composé mul-
tiple varie suivant que l'une ou l'autre de ces causes
prend la prépondérance au détriment des autres,
comme par exemple en ce qui regarde la latitude ou
degrés de température chez les Italiens d'aujourd'hui,
qui revendiquent l'admission, dans les conseils des
nations, de l'utilité des contacts entre les institutions
politiques et les conditions naturelles d'un peuple[2]. A
Sparte les mœurs donnaient le ton, Montesquieu l'indique ; mais, il faut en convenir, cette légistation de
Lycurgue offrait plus d'un trait commun avec celle de
sauvages, au moins comparativement au point de vue
moderne.

Quel est le gouvernement le meilleur, le plus par-
fait? Montesquieu semble dire celui qui dirige les hommes « de la manière qui convient le plus à leur penchant
et à leur inclination », mais il a exprimé antérieurement l'idée que c'est celui *qui va á son but à moins de
frais*[3] ; j'avoue que j'aimerais à me rallier à cette
définition, quoique les progrès du crédit public moderne semblent l'avoir rejeté parmi le monceau de
naïvetés politiques dont on prétend que les gens d'o-
pinions moyennes et pondérées ont le tort de rester
affublés.

Un gouvernement, ajoute notre écrivain, punit par
degrés, et « l'imagination se plie d'elle-même aux
mœurs du pays : huit jours de prison, ou une légère
amende, frappent autant l'esprit d'un Européen, nourri

[1] *Esprit des lois*, XIX, iv.

[2] Lisez *Studii di politica e di storia*, par M. Tullo Massarani. Florence, 1875, p. 119. L'auteur appelle Machiavel, Bodin et Montesquieu
les *positivistes* de la politique.

[3] 81ᵉ des *Lettres persanes*.

dans un pays de douceur, que la perte d'un bras intimide un Asiatique ». Cette théorie extrême prend même un aspect assez cruel, et l'on voit bien que l'on n'avait jamais coupé de bras à Montesquieu. Pourtant l'idée demeure juste, l'on ne peut disconvenir que l'on attache *un certain degré de crainte à un certain degré de peine*[1]. Beccaria va plus loin ; il admet qu'il faut choisir la peine « qui, proportions gardées, doit faire l'impression la plus efficace et la plus durable sur l'esprit des hommes[2] » ; mais il ajoute *et la moins cruelle sur*[3] le *criminel.*

Ce qui se produit pour les peines concerne aussi les récompenses. Il existe des pays où, soit un peu d'excréments du Lama, soit un morceau de verroterie, sont estimés comme la plus belle, la plus désirable des décorations ; en Europe même, parmi ces dernières, ce sont parfois les fausses qui captivent le plus.

Revenons aux diverses espèces de gouvernement : Montesquieu en admet trois sortes, puis les discute. Le gouvernement républicain, régi par le peuple en corps ; le gouvernement monarchique à la tête duquel siége, trône un souverain qui agit d'après des lois fixes et établies ; le gouvernement despotique, ou gouvernement d'un seul dont la volonté et les caprices ne sont restreints ni par la loi, ni par aucune règle[4]. Le 1er...

[1] Tout réside, en effet, dans l'idée que l'on se fait des choses. Les Lapons, par exemple, ne tiennent-ils point à honneur que les étrangers de distinction approchent de leurs femmes et de leurs filles ? Regnard l'exprime en toutes lettres dans son *Voyage en Laponie.*

[2] *Traité des délits et des peines*, § 12. Ce petit traité parut en 1764, neuf ans après la mort de Montesquieu.

[3] *Sur* ou bien *pour ?* Car c'est moins l'âme du criminel, mais plutôt son corps que nous devons ne pas torturer inutilement.

[4] Les mœurs limitent toujours l'autorité du despote : cette remarque est ancienne.

mais non, un mot suffit pour tous, c'est celui par lequel notre auteur termine son portrait du 3e : « plus le prince a de peuples à gouverner, moins il pense au gouvernement; plus les affaires sont grandes, et moins on délibère sur les affaires [1] », car ce mot leur est applicable à tous, les dépeint tous, et donne à penser que peut-être il vaudrait mieux n'avoir aucun gouvernement.

La monarchie, à son sens, *doit être d'une grandeur médiocre* [2], et son commentateur, Destutt de Tracy [3], en dit autant de la démocratie absolue! Jadis on disait cela pour les armées. Le vrai, c'est que même grande, immense, monarchie, démocratie, ou armée doit tâcher de vivre et souvent y parvient. Ne vivait-on pas, ne gouvernait-on pas, n'accomplissait-on pas de grandes choses, dans l'antiquité, alors que la population du globe était plus grande qu'aujourd'hui [4] ?

Au lieu de suivre pas à pas et régulièrement la même voie; en d'autres termes, loin de se traîner dans la routine, un gouvernement varie sa marche suivant les circonstances; telle est l'opinion moderne, Volney le dit dans ses *Considérations sur la guerre des Turcs*, Ferrari le répète dans son *Arithmétique de l'histoire* [5]. Ce n'est pas précisément l'opinion de Montesquieu qui ne place pas les brusques revirements dans les moyens politiques permis pour asseoir ou conserver un gouvernement. En cela il se montre homme de son époque.

[1] Fin du chap. v du livre II de l'*Esprit des lois*.

[2] *Esprit des lois*, VIII, xvii.

[3] Commentaires sur l'*Esprit des lois*, livre III. Paris, chez Desoer, 1819. p. 22.

[4] Reportez-vous à un traité fort connu : *Essai sur la différence du nombre des hommes dans les temps anciens et modernes*, par Wallace, traduction de Joncourt, in-12. Londres (Paris), 1754.

[5] Voyez mon article sur ce remarquable écrit, à la fin de ce volume.

Au XVIIIe siècle, et il ne faisait pas exception malgré sa gravité[1], on aimait le changement, mais en amour seulement : le pouvoir semblait devoir rester immuable et puiser sa force dans son invariabilité même. Alors on tendait trop la corde gouvernementale, et elle cassa ; aujourd'hui on ne la tend plus du tout, en sorte qu'elle ne lie et ne retient plus rien.

Le gouvernement domestique, à entendre notre auteur, se trouve lié avec le gouvernement politique, mais cette réflexion ne s'applique guère à nos temps actuels : il veut par là exprimer que dans un gouvernement despotique, tel que l'ancien Orient en renfermait, les passions et les caprices de nos Françaises ou Européennes sèmeraient la discorde et rendraient plus d'un habitant suspect. « Il y aurait, assure-t-il, partout des ennemis ; l'Etat serait ébranlé, on verrait couler des flots de sang[2]. »

Il s'agit ici d'une ingérence domestique, ne l'oublions pas. Montesquieu rejette cette ingérence en termes formels, mais il admet qu'une femme gouverne un empire, proclame que « sa faiblesse même lui donne plus de douceur et de modération, *ce qui peut faire un bon gouvernement,* plutôt que les vertus dures et féroces[3]. »

---

[1] Il fut lié avc Mlle de Clermont et on les surprit, paraît-il, en flagrant délit. — Le sujet mériterait d'être peint avec ce titre alléchant : « l'auteur de l'*Esprit des lois* vaquant à des occupations prosaïques. » Et de fait, comme il dépeint l'amour prompt : « Il y a de tels climats où le physique prend une telle force que la morale n'y peut presque rien. Laissez un homme avec une femme : les tentations seront des chutes, l'attaque sûre, la résistance nulle. Dans ces pays, au lieu de préceptes, il faut des verrous. » *Esprit des lois,* XVI, VIII. — Sur les amours de Montesquieu, voir ci-après, notre chap. VII, *Détails biographiques.*

[2] *Esprit des lois,* XVI, IX.

[3] *Esprit des lois,* VII, XVII.

Du reste femme ou homme, le monarque, si l'Etat
est despotique et si le chef en demeure caché, n'est
qu'un individu isolé, *il n'offre qu'une tête*[1] ; le premier
ambitieux venu n'a donc qu'à le rencontrer, à le poi-
gnarder, pour se substituer à lui, et d'esclave qu'il était
la veille, devenir le maître le lendemain. C'est un des
inconvénients du despotisme, il subsiste, il se per-
pétue, même quand la personne du despote change :
une révolution de palais n'est pas une révolution publique.

Au sujet des ministres, Montesquieu émet une opinion sévère, sans la restreindre aux pays orientaux et
aux gouvernements despotiques, quoique la mettant
dans la bouche d'un Persan[2]. La voici : « Un prince
méchant a toujours à son service un ministre plus
méchant encore... de sorte que l'ambition des princes
n'est jamais si dangereuse que la bassesse d'âme de
ses conseillers. Un prince a des passions, le ministre
les remue ; les courtisans le séduisent par leurs louan-
ges, et lui le flatte plus dangereusement par les
maximes qu'il lui propose. » Ainsi le mauvais ministre,
c'est la femme de Socrate, qui veut insuffler ses pen-
chants violents et haineux à son seigneur et maître,
quand celui-ci n'a pas, comme le philosophe, la force
de résister[3]. Ainsi encore le prince, et Montesquieu ne
pouvait guère dire plus de son temps, le prince doit
savoir résister aux inspirations de son bras droit ; en
effet, comme l'a exprimé virilement saint Louis, un

[1] Fin de la 104ᵉ des *Lettres persanes*.

[2] 128ᵉ des *Lettres persanes*.

[3] La femme, ordinairement, pousse son mari à la colère ; la plupart
des querelles, des actes de violence, proviennent de là. Et cela atteint
le paroxysme quand le mari est déjà vif et emporté par lui-même.

monarque qui ne dit pas non, qui ne refuse pas en un mot, se trouve tôt ou tard débordé, surtout s'il est mal entouré, ce que nous avons vu. Du reste, tout chef d'Etat, s'appelât-il *Protecteur* comme Cromwell, *Libérateur* comme Bolivar, ou *Dictateur* comme chez les anciens Romains, peut aussi avoir auprès de lui de ces âmes basses signalées par Montesquieu, et commettant journellement de ces petites lâchetés que le style de chancellerie décore du nom de compromis.

En fait de passions, est-il vrai que l'homme en a toujours, que c'est un appétit inassouvi, et que là où il ne peut l'exercer pour son privé, il le développe en faveur de la chose publique, tout au moins de sa corporation ou de sa société ? Exemple invoqué par notre auteur : les moines. Cette assertion me semble exagérée : certes il existe des hommes lesquels, sans former une rare exception, portent leur ardeur et leurs lumières sur un objet qui n'est ni un but de réussite privée ni l'agrandissement ou la gloire de sa patrie, quand même on considérerait les recherches scientifiques et le culte des beaux arts comme un but patriotique, car pour la richesse ou tout autre avantage personnel elles le procurent difficilement ; il en existe d'autres qui vivent avec indifférence et dans la paresse, classe fort nombreuse.

Au sujet de la chose publique, nous rappellerons, nous restreignant cette fois à la politique intérieure, que les réclamations de l'intérêt général ne doivent jamais s'élever jusqu'à exiger qu'on prive un particulier de son bien pour y satisfaire ; on peut le contraindre à l'abandon de ce bien, mais seulement contre indemnité. Nous nommons cela aujourd'hui *l'expropriation* pour cause d'utilité publique. Notre auteur, exposant ce principe, a grand soin d'invoquer la loi civile et de la déclarer *le palladium de la propriété* [1].

« L'amour de la démocratie est-il l'amour de la frugalité [2] ? » Montesquieu l'énonce en termes assez formels et le développe avec une certaine conviction. Toutefois si Sparte resta frugale, en fut-il ainsi d'Athènes et surtout de Rome ? car en cette dernière cité la magnificence et la profusion des dépenses publiques, puisées dans les revenus de l'Etat, ne masquaient nullement les folies et les dilapidations du luxe des particuliers. L'assertion « que les lois voulaient alors des mœurs frugales, afin que l'on pût donner à sa patrie [3] », appartient donc au domaine de la poésie. L'idée est belle et noble, je le reconnais, mais se maintient-elle, surtout dans les pays riches ? Non.

A côté de la frugalité, qui peut marcher de pair avec une certaine aisance publique, il faut placer ce que Montesquieu appelle *la bouffissure* [4], c'est-à-dire un faux état des splendeurs qui vient à envahir subitement un Etat ; telle fut la situation de la France lors de l'explosion du système de Law, elle devint joufflue sans avoir d'embonpoint réel, et même cette joufflosité eut seulement une durée éphémère. Mieux vaut mille fois un luxe qui se développe régulièrement qu'une invasion de richesses qui surprend comme un coup de foudre.

Il devient impolitique à un prince d'être juge contre un de ses sujets, comme Louis XIII voulut l'être, en

[1] *Esprit des lois*, XXVI, xv.
[2] *Esprit des lois*, V, iii.
[3] *Esprit des lois*, V, iii.
[4] 138ᵉ des *Lettres persanes*.

dépit des observations du premier président de Bellièvre, vis-à-vis du duc de La Vallette ; cela est inique, cela est maladroit [1]. Ce n'est pas en raison d'un pareil acte que ce monarque fut surnommé *le Juste*. Voltaire oublie que Louis XIII se montra passionné en cette affaire [2] quand il prétend que le roi pouvait à la fois *condamner* et *pardonner* ; et de fait il n'y eut pas de pardon, tellement que le duc condamné et réfugié en Angleterre ne put rentrer en France qu'après la mort du roi. On sait qu'on lui reprochait en ceci l'issue du siége de Fontarabie [3].

Est-il des nations plus disposées que d'autres au tumulte et *où il faille des divisions* ? Montesquieu l'exprime à propos de Rome en son chapitre IX de ses *Considérations sur les causes de la grandeur et de la décadence des Romains*, prétendant que ces guerriers fiers, audacieux, terribles, *ne pouvaient pas être bien modérés au dedans*. Il me semble que ce sont là des motifs spécieux, que des lois habilement pondérées pourraient encore consolider la concorde chez une nation turbulente ; enfin que c'est un singulier découragement que d'admettre, comme il le fait, l'impossibilité d'avoir des gens *hardis dans la guerre* et qui soient *tranquilles pendant la paix*, sans pour cela que la liberté soit véritablement absente, même dans un Etat populaire.

Autre question, qui du reste se rattache à la précédente. Quels sont les meilleurs moyens pour maintenir un peuple dans l'obéissance ? Faut-il accabler ses sujets

[1] *Esprit des lois*, VI, v.

[2] Ne l'est-il pas lui-même, lorsqu'il assure qu'en ce chapitre c'est la première fois que Montesquieu parle des lois dans l'*Esprit des lois* ?

[3] Consultez les *Mémoires de Montrésor*.

indociles de travaux pénibles, de constructions ne se
terminant jamais, comme faisaient les anciens rois
d'Egypte [1]? Doit-on les amollir comme Cyrus vis-à-vis
des Lydiens [2]? Faut-il les entraîner dans une guerre
étrangère, comme l'amiral de Coligny le recomman-
dait à Charles IX? Montesquieu préconise un moyen
qui semble convenir à un sage plutôt qu'à un ministre :
« Cacher, laisser ignorer aux gouvernés qu'ils sont
esclaves [3]; » c'est une opinion qu'il faut redire, même
n'aurait-on pas une grande confiance en elle. J'admets
moins la divulgation de l'avis de notre auteur, que
souvent la guerre civile n'entraîne pas de révolution [4];
c'est une idée inutile à mettre en lumière, car on doit
écarter tout ce qui peut mettre sur la pente d'une
guerre civile.

Il est une maxime de notre auteur que je pratique
volontiers : « Ce qui m'a toujours beaucoup nui, c'est
que j'ai toujours méprisé ceux que je n'estimais pas [5]; »
mais elle n'est guère politique et sa divulgation aurait
ses dangers comme la précédente.

En tout cas, il faut le répéter avec Montesquieu, la
religion autorise la politique; il énonce ce précepte
sous une forme légèrement dubitative [6], mais c'est pour
ne point effaroucher ceux qui attachent aux dogmes
tant d'importance que, suivant eux, les laïques n'en
peuvent ou n'en doivent parler; et lorsqu'il nomme

---

[1] Pour le canal de Mœris et les Pyramides, reportez-vous à la *Politique* d'Aristote.

[2] *Entretiens de Phocion*, par Mably, IVᵉ entretien.

[3] *Esprit des lois*, XII, xxv.

[4] *Esprit des lois*, V, xi.

[5] Pensées diverses.

[6] *Esprit des lois*, XXIV, i.

Jésus et la religion chrétienne, il semble étendre son précepte à presque toutes les religions, au moins à celles qui ordonnent aux hommes de s'aimer entre eux.

CHAPITRE II

LA GUERRE

Dans son livre sur la *Grandeur et la décadence des Romains*, dans son *Esprit des lois*, Montesquieu a parlé des armes, a traité de la guerre : je voudrais en ce chapitre le suivre sur ce terrain, montrer que s'il aimait les lois et en préconisait le respect, il ne repoussait pas plus l'emploi des armes qu'il ne faisait fi de la noblesse.

La paix peut être une *loi naturelle*, c'est-à-dire antérieure aux sociétés, tandis que la guerre naît avec l'état social et devient par là une *loi positive* ; ainsi raisonne notre auteur[1] ; mais cet état social peut être minime, car dès qu'il y eut trois hommes sur terre, le second, Caïn, tua le troisième, Abel.

On ne considère, en général, l'opinion de Montesquieu sur la guerre qu'au sujet des Romains, parce que cette opinion fait loi. C'est lui qui a le mieux montré la perpétuité de la guerre chez ces peuples auquel elle

[1] *Esprit des lois*, I, ii et iii.

était agréable par les profits qu'ils en tiraient [1], tandis que chez les autres peuples la guerre demeure exceptionnelle et ne rapporte souvent rien autre chose que le triomphe d'une idée; c'est lui encore qui a fait voir combien la corruption et le luxe le plus effréné n'avaient pu détruire les vertus guerrières [2], ou du moins, car son avis me paraît outré, ne les entamèrent que fort tard et lors de la décadence de l'Empire.

Montesquieu envisage cependant la guerre et d'une façon générale et en philosophe. L'*Esprit des lois* fournit à ce sujet un témoignage. Là, il étudie les lois dans leurs rapports avec la force soit défensive, soit offensive, et il est intéressant de le suivre dans ses développements.

Toutefois il faut prêter attention à son dire et comparer ses déductions. Il dira par exemple : « L'esprit de la monarchie est la guerre et l'agrandissement; l'esprit de la république est le pain et la modération [3]. » Quand on vient de lire son chef-d'œuvre sur les Romains, dont la longue république fut toujours en guerre, une pareille opinion choque et froisse, puisque la République romaine de tous les gouvernements qui ont existé, est celui qui a le plus désiré et fait la guerre presque toujours heureusement, et finalement avec un profit et un renom immenses. Montesquieu, évidemment, en parlant des tendances pacifiques d'une république, entend une république *fédérative*, par cela même fort modérée, où les opinions se produisent avec calme, chez laquelle la guerre ne peut être décidée que par une assemblée politique où régnent des courants

---

[1] *Grandeur et décadence des Romains*, chap. 1er.

[2] *Grandeur et décadence des Romains*, chap. x.

[3] *Esprit des lois*, IX, II.

divers, des intérêts opposés, et surtout la crainte des grandes résolutions et des actes trop audacieux ; pour lui la république de Rome agissant avec promptitude, témérité, surtout avec une concentration marquée, était sous ce rapport autant une monarchie qu'une république ; tout au moins agissait-elle comme telle. Cette apparente contradiction se retrouve plus d'une fois sous la plume du grand écrivain qui dit encore, au chapitre v de ce même livre IX : « les états despotiques font entre eux des invasions ; *il n'y a que les monarchies qui fassent la guerre*. » Cette fois l'opposition entre ces deux genres d'État provient, en son idée, de ce que les États despotiques n'ont pas de places fortes, *craignent même d'en avoir* ; aussi, c'est chez lui une affirmation, ils se bornent à des invasions, mais *entre eux*.

Je préfère ces maximes défensives : *il faut borner sa puissance*, et se rendre *plus difficile à attaquer* que fort pour conquérir [1]. Seulement ces deux maximes ont un malheur, elles interdisent le *fruit défendu*, en sorte que l'on mord facilement à ce qui est leur opposé. Dès qu'on arme sur une grande échelle, on ne prend précisément pas goût à l'attaque ; mais on devient plus dispos à faire valoir, lors d'une contestation avec un voisin, ses raisons politiques par l'appui de ses guerriers et de ses canons ; cela s'est vu dans le passé, et cela se voit encore de nos jours.

Si Montesquieu n'admet pas l'emploi de la force pour conquérir, il admet le droit de la guerre quand il s'agit pour un État de pourvoir à sa conservation ; c'est, dit-il, le cas de *légitime défense* des individus,

---

[1] *Esprit des lois*, IX, vi.

lequel s'étend, en cas de besoin [1], jusqu'à tuer son adversaire. Il ajoute, distinction essentielle : « Le droit de la défense naturelle entraîne quelquefois la nécessité d'attaquer, lorsqu'un peuple voit qu'une plus longue paix en mettrait un autre en état de le détruire, et que l'attaque constitue dans ce moment le seul moyen d'empêcher cette destruction. » Pareil passage a été souvent commenté ; Voltaire essaye de le réfuter, et d'un mot il résume sa réfutation : « Ruinez qui pourrait un jour vous ruiner. » Cette opinion, articule l'auteur du *Siècle de Louis XIV*, semble provenir de Machiavel, et pourtant Voltaire lui-même l'a mise à profit contre les écrivains ses contemporains, qui pouvaient lui ravir une once de gloire, s'empressant de les plonger dans une ombre défavorable. Mais le premier des écrivains français du xviiie siècle établit une distinction utile : « Comment l'attaque en pleine paix peut-elle devenir le seul moyen d'empêcher votre destruction ? Il faut donc que vous soyez sûr que ce voisin vous détruira s'il devient puissant ? Pour en être sûr, il faut qu'il ait déjà fait des préparatifs de votre perte. *En ce cas, c'est lui qui commence la guerre*, ce n'est pas vous ; votre supposition est fausse et contradictoire. » En effet, Montesquieu n'argue nullement que la responsabilité de la lutte n'incombe pas à celui qui arme en secret, il se borne à recommander de le prévenir, tout en l'accusant certainement au fond de son cœur. Ce qui dénote cette accusation secrète, c'est que notre auteur ajoute : « Il suit de là que les petites sociétés ont plus souvent le droit de faire la guerre que les grandes, parce qu'elles

[1] Cette restriction reste en partie sous-entendue dans le début du texte de Montesquieu. Reportez-vous au premier alinéa du chap. ii du livre X.

sont plus souvent dans le cas de craindre d'être dé-
truites [1]. » Ainsi on peut, on doit être hargneux quand
on est faible ; c'est un droit qui *dérive de la nécessité et
du juste rigide* [2]. Seulement Montesquieu prend soin de
marquer qu'on doit s'en tenir là ; écoutez-le : « Si ceux
qui dirigent les conseils des princes ne s'en tiennent
pas là, tout est perdu ; et lorsqu'on se fondera sur des
principes arbitraires de gloire, de bienséance, d'utilité,
des flots de sang inonderont la terre. — Que l'on ne
parle pas surtout de la gloire du prince ; sa gloire serait
son orgueil : c'est une passion, *et non pas un droit légitime*. — Il est vrai que la réputation de sa puissance
pourrait augmenter les forces de son état ; mais la
réputation de sa justice les augmenterait tout de
même [3]. »

Donc, de l'amour de la gloire ne découle pas un
droit ; l'auteur de l'*Esprit des lois* eût-il osé écrire
cela sous Louis XIV? il eût certes autrement donné sa
pensée [4].

A côté du droit de guerre, Montesquieu place le droit
de conquête. Par là, il n'entend pas le droit de conquérir, ce droit est celui même de faire la guerre ; il
entend le droit de conserver la conquête, parce que la
conquête étant une acquisition il est naturel, il est de
devoir de la garder. Comment la gardera-t-on? Il
offre quatre moyens : gouverner cette société acquise
suivant ses anciennes lois, lui en imposer de nouvelles,
détruire cette société en la dispersant, enfin en exter-

---

[1], [2] et [3] Même chap. ii, du livre X.

[4] Rappelons comment Montesquieu, qui n'aime pas Richelieu, accuse ce
grand ministre de repousser, comme agents d'un prince, les *gens de bon
lieu*. Voyez l'*Esprit des lois*, III, v. Notre auteur tire cette indication du
Testament politique du cardinal, ouvrage apocryphe.

miner tous les citoyens. De ces quatre modes il réprouve le quatrième, bon pour les Romains, puis déclare le premier conforme au droit des gens modernes. Mais il établit à merveille que le droit de tuer cesse avec le moment même de la conquête et blâme, par conséquent, la réduction du peuple conquis en esclavage, car le droit de réduire en servitude découle du droit de tuer dans la victoire : aussi l'esclavage pour lui est-il purement *temporel*, et successivement l'esclave devient sujet, puis libre. C'est ainsi que les conditions les plus dures de la conquête s'adoucissent toujours [1].

Un peuple peut-il gagner à être conquis? Notre auteur dit oui ; mais pour son point de départ il prépare cette réponse, car pour lui un état que l'on conquiert est déjà corrompu et probablement opprimé [2]. Dans pareille situation ledit état pourrait gagner à voir son gouvernement réformé, refondu par le conquérant, les pauvres gens deviendraient par suite moins opprimés et béniraient presque la main qui les délivre; car peu leur importe que l'oppression qui pèse sur eux soit nationale, il leur vaut mieux n'en sentir d'aucune sorte.

Montesquieu corrige ce qu'il dit de la légitimité de la conquête en avouant que le conquérant, même le

---

[1] Montesquieu, tenant à sa petite noblesse, s'avise de dire *nos pères* (livre X, chap. III), en parlant des Francs, ce dont Voltaire le gourmande fort, et pourtant ce dernier tenait à s'appeler M. *de* Voltaire, gentilhomme de la chambre, *seigneur* de Ferney, etc., tellement que Paul-Louis Courier paraît encore se moquer de lui, au sujet de la noblesse, dans sa *Lettre à messieurs de l'Académie*. C'est dans ladite lettre que le fameux officier supérieur d'artillerie, et pamphlétaire, fait son *meâ culpâ* d'avoir cru un instant que le mérite seul suffisait pour parvenir, et cela avec une verve intarissable. Jules Janin n'a pas mieux dit dans son feuilleton écrit *ab irato*, après un pareil refus, et intitulé *A la Porte de l'Académie*.

[2] *Esprit des lois*, X, IV.

meilleur, à toujours « à payer une dette immense pour
s'acquitter envers la nature humaine [1]. » C'est là un
appel de moraliste et je doute que les conquérants y
soient fort sensibles; pour eux, en effet, même les
souffrances des vaincus, tout est moyen, et quand
l'ambition devient le but suprême on ne dispose jamais
de trop de moyens ni de moyens assez puissants.
D'ailleurs combien de conquérants auront-ils eu l'esprit
des lois, ou, si on le préfère, à combien leurs agents
auront-ils parlé de cet ouvrage? Et s'ils l'ont lu, ou si
on les en a entretenus, ils n'auront retenu que ce
passage : « une monarchie peut agir longtemps avant
que l'agrandissement l'affaiblisse [2]. » Tandis que la fin
du même chapitre renferme une vérité de tous les
temps, quoiqu'elle échappe à ceux qui la font renaître,
tant les fautes des pères servent peu aux enfants :
« Tel est l'état nécessaire d'une monarchie conqué-
rante; un luxe affreux dans la capitale [3], la misère
dans les provinces qui s'en éloignent, l'abondance aux
extrémités. Il en est comme de notre planète : le feu
est au centre, la verdure à la surface; une terre aride,
froide et stérile entre les deux. »

Montesquieu défend avec raison les mœurs du peuple
vaincu, il ne veut pas qu'on insulte ses femmes et ses
filles; mais quelle exagération quand il prétend que
les Français ont perdu neuf fois l'Italie pour s'être
oubliés à ce sujet! Nos ancêtres ont perdu la Péninsule
bottée par leurs fautes militaires, il faut le dire et le
redire. Ils ont eu tort d'afficher les femmes italiennes,

[1] *Esprit des lois*, X, iv.

[2] *Esprit des lois*, X, début du chap. ix.

[3] Surtout si c'est une capitale de fondation assez récente, accrue par
divers coups de fortune.

et surtout de leur dire en public des propos compromettants : ce sont choses qu'il faut cacher et taire ; mais quand il arrive à ce sujet un scandale qui fasse émeute, c'est que la situation se trouvait grave et la rebellion déjà prête à éclater ; on peut le croire sans aller jusqu'à la prétention goguenarde du grand Frédéric ricanant à l'idée que les femmes, lors de la prise d'assaut d'une ville, voyaient venir sans trop d'effroi le moment où elles seraient violées.

Les femmes sont dangereuses dans les pays conquis pour d'autres motifs, et ce il ne le faut céler à aucun des militaires, à aucun surtout des jeunes officiers de l'armée d'occupation. Elles peuvent servir d'espions, elles apportent souvent avec elles des maladies contagieuses, elles détournent des devoirs militaires et occasionnent des dépenses. Si on ne peut les éviter, il faut certes s'y abandonner le moins possible. Des exercices convenablement répartis, certaines distractions, la facilité des correspondances avec la mère-patrie, voilà les meilleurs dérivatifs ou remèdes.

Revenons aux raisons de politique et d'administration : une conquête est toujours difficile à garder. On a souvent recouru à l'effémination du peuple vaincu ; mauvais moyen, affirme Montesquieu. « J'aimerais mieux maintenir par des lois la rudesse du peuple vainqueur qu'entretenir par elles la mollesse du peuple vaincu[1]. » La rudesse du premier peut suffire, en effet ; toutefois, il est bon de détourner le cours des idées, principalement des idées de vengeance, chez la nation domptée, et sans l'amollir on doit chercher à la contenter. Le temps, d'ailleurs, adoucit bien des choses, et

---

[1] *Esprit des lois*, X, xiii.

quand cet adoucissement arrive et s'épanouit, le vainqueur est heureux de n'avoir trop de reproches à se
faire envers le vaincu.

Au sujet des conquérants, notre auteur étudie côte à
côte Charles XII et Alexandre le Grand. Ce rapprochement indique l'idée d'un parallèle, et de ce fait, s'il
ne prenait soin de le faire, la comparaison ressortirait
d'elle-même. Charles XII fit une guerre courte, avec
des armées restreintes ; or, pour la réussite de ses pro-
jets, il eût fallu de longues années de guerre et des
effectifs plus nombreux. Sa folie, tout au moins son
imprévoyance provenait donc d'entreprendre au-dessus
de ses forces, alternative fréquente qui semble procéder
de l'héroïsme, tandis qu'elle dénote souvent sinon
l'insanité, au moins peu d'équilibre dans le jugement
et l'absence de ce bon sens si désirable chez les gouverneurs de nations. Ainsi, Charles XII poursuivait un
idéal mal conçu : il faisait de la poésie là où il eût fallu
de la prose ; et de la poésie sans logique, puisqu'elle
peut en être pourvue, en sorte qu'au moindre accident
de fortune tout devait devenir irréparable, car ses
adversaires avaient de la verdeur et possédaient de l'a-
venir. Le fils de Philippe de Macédoine conçut un projet
sensé, celui d'attaquer les Perses, que des luttes récentes
avaient montrés faibles et orgueilleux ; sa grande audace,
sa juvénilité d'action le servirent même contre ce co-
losse aux pieds d'argile. A l'intuition du génie, ce jeune
monarque joignit non-seulement la promptitude, mais
la nouveauté dans les procédés d'attaque. Prudent sur
ses derrières, audacieux en avant, inspirant le courage
parce qu'il en fournissait lui-même les preuves les plus
extraordinaires. Si la Fortune l'a secondé, c'est bien
lui-même qui s'est rendu tempérant et continent, et,

sauf de rares écarts, a fait de son corps comme *une forteresse inexpugnable aux voluptés*, suivant l'expression d'Amyot en sa traduction du traité de Plutarque sur la fortune d'Alexandre ; et c'est de son propre mouvement qu'il a su également accomplir tant d'actes empreints d'une noble grandeur et d'une touchante générosité.

Comme moyen de conservation pour sa conquête, Alexandre employa surtout la fusion entre les deux races, celle des Perses et celle des Grecs ; pouvait-il d'ailleurs agir autrement, alors que les Grecs vainqueurs, malgré leur prestige, se trouvaient en si petit nombre : ce que Montesquieu ne remarque pas, mais ce qui devint plus sensible dès la mort du conquérant. Ce dernier vint à temps ; il accomplit la prédominence du monde grec, mais elle était dans l'air ; homme d'exécution, il vécut juste ce qui fut nécessaire pour accomplir son rôle providentiel, et il paya sa gloire de sa mort prompte, puis du chagrin de ne laisser aucun héritier capable de lui succéder, assez fort pour porter le fardeau de continuer son œuvre, assez intelligent pour imposer à ses lieutenants un peu de cette union qui leur manque tant, et dont l'absence prépare l'avénement du monde romain. Le monde grec avait réussi par sa civilisation, par sa politesse, en grande partie par son atticisme ; il était en outre le premier dans la guerre, par rapport aux hordes asiatiques, dépourvues de la solidité intelligente de la phalange. Mais, à son tour, la race grecque portait plus d'usure que la race romaine ; elle nourrissait moins d'avidité, elle philosophait davantage, et, par suite de ses interminables disputes entre petits peuples, manquait de cohésion ; on l'avait bien vu en face de Xercès ou de ses satrapes. Or, la cohésion, la concentration si l'on préfère ce met,

unie à une certaine rudesse de main et juxtaposée à un
caractère plus sérieux, plus positif, doit tôt ou tard
l'emporter sur l'éparpillement et l'immobilité [1]. C'est
dire que les succès d'Alexandre devaient être effacés
par les incroyables conquêtes des Romains, que Rome
devait vaincre Athènes et Sparte.

Mais faire sentir que Charles XII, sans être précisément un fou, agit comme s'il était tel ; qu'Alexandre
mit au contraire de son côté la réflexion et le calcul, ne
suffit pas dans un livre consacré aux rapports intimes des
lois avec la force offensive. Montesquieu nous montre,
en effet, le bien-fondé de la politique du vainqueur
d'Arbelles, n'ayant pas de parti pris et peuplant Alexandrie, sa fondation, de Juifs, afin de ne pas épuiser la
Macédoine et la Grèce [2]. Quelle confiance, en effet, de
remettre la ville qui portait son nom, qu'il affectionnait
évidemment, à un groupe d'ennemis ! je ne dirai pas
d'*infidèles*, car ni Grecs, ni Romains ne connaissaient
l'animosité, l'hostilité en religion. Ainsi, d'autres faits
le montreraient au besoin, par exemple celui de laisser
aux vaincus leurs mœurs, leurs lois civiles, jusqu'à leurs

[1] Rome aussi sut se faire, sinon aimer, du moins *accepter* dans ses
conquêtes. Ce fut Carthage qui échoua sous ce rapport et demeura toujours une étrangère sur le sol africain, en sorte que n'ayant pu *s'assi-
miler les races juxtaposées*, elle finit par avoir contre elle, dans sa lutte
vis-à-vis de Rome, les races indigènes. Montesquieu ne met pas cette
particularité suffisamment en lumière ; cependant il parle, à propos de
Carthage, du mécontentement des Espagnols, *du soulèvement des nations voisines*, de l'abandon de la cavalerie numide. Voyez *Grandeur et
décadence des Romains*, chap. IV.

[2] Les coups portés à l'Egypte par Alexandre avaient été prédits par
le prophète Ezechiel. Voyez son *Livre* dans la *Sainte Bible*, chap. XXVIII,
verset 7, et chap. XXXI, verset 12. — Les Juifs avaient toujours en vue
les souverains de l'Egypte, ce pays d'où ils étaient sortis : « Que si la
famille d'Egypte, dit Zacharie, chap. XIV, verset 18, ne monte point à
Jérusalem, la pluie ne viendra point sur eux. » *La pluie*, c'est-à-dire le
plus grand bienfait, avec les inondations, en ce climat de feu.

gouverneurs, se contentant de leur imposer un chef militaire, pas de préjugés chez le grand Alexandre, qui n'en souffrait même pas chez les chefs de ses administrations : ampleur de vues, entrain l'épée en main, clémence envers ceux que la défaite jetait bien humbles à ses pieds, voilà de ses procédés, tels sont chez lui les auxiliaires de la conquête. Et ce qui montre combien notre auteur préfère et élève plus haut Alexandre, c'est que son chapitre sur Charles XII est, pour la moitié, consacré au grand Alexandre, tandis que son chapitre sur Alexandre ne souffle pas mot sur le roi de Suède. Le roi de Macédoine, le vainqueur de Darius, offre d'ailleurs à l'écrivain un sujet plus vaste et plus fécond, tandis que le rival de Pierre le Grand avait, vis-à-vis de Montesquieu, un seul privilége, celui d'être presque un contemporain, car il fut l'adversaire de Stanislas, le père de la reine de France[1]. Si nous voulions maintenant trouver entre ces monarques un point de contact, nous dirions que tous deux se dépeignent *par les signes distinctifs de l'âme*[2], comme un trait du visage suffit à un grand peintre pour caractériser une figure connue, célèbre, et lui communiquer un cachet indélébile[3].

Revenons directement aux moyens conseillés par Montesquieu pour la conservation d'une conquête, et ceux employés par Alexandre et qu'il recommande, furent mis en usage peu de temps, la vie d'un tel con-

---

[1] Cette fille d'un roi de Pologne détrôné, qu'on alla quérir dans sa retraite pour l'asseoir sur le trône français, élévation qu'elle paya de longs dégoûts par suite de l'abandon public et continuel de Louis XV.

[2] Expression de Plutarque, en tête de la *Vie d'Alexandre*.

[3] Même dans la caricature ; par exemple, la forme de la face en poire pour la tête du roi Louis-Philippe.

quérant ayant été fort courte ; c'est de lui, en effet,
qu'on peut dire : au prix de jours tellement bien
employés *qu'ils furent un songe*[1], il laissa une gloire
impérissable, et son nom, depuis vingt et un siècles,
est répété par tous les peuples.

Notre auteur offre comme panacée de composer partout, corps de troupes et tribunaux, moitié de vaincus,
moitié de vainqueurs[2]. Pour que cela réussisse, il faut
une volonté bien ferme et très-écoutée chez le chef ; il
faut encore une grande abnégation chez le vainqueur,
là où il pourrait se sentir le plus fort. En ce procédé,
je ne vois qu'une garantie pour le monarque qui main-
tient les deux partis en égalité de puissance, mais à la
condition de n'être le préféré de personne, ce qui me
semble la pire des situations pour un chef d'État ; un
gouvernement sans partisans, c'est un feu sans bûches.
Il est vrai que pour conserver des partisans on est
obligé non-seulement de leur accorder des faveurs,
mais de les laisser vous aider, tout au moins essayer de
le faire ; or, Montesquieu a mis au jour cette pensée, et
je partage son avis : « Je souhaite recevoir des services
le moins que je puis, et en rendre le plus qu'il m'est
possible[3] ; » mais il parle en simple particulier.

Cet auteur affirme qu'une conquête immense suppose
le despotisme, et par conséquent une garde spéciale

[1] Ce fut le mot du maréchal de Saxe mourant.

[2] *Esprit des lois*, X, xv.

[3] Lisez dans ses *Œuvres*, en tête des pages intitulées *Pensées diverses*,
la fin du *Portrait de Montesquieu par lui-même*. L'avis de Montesquieu
part d'un optimisme particulier, personnel, et par conséquent permis.
Quand au contraire Du Mouriez, à la fin de la préface de ses *Mémoires*,
déclare avec enthousiasme que *le mérite parvient aujourd'hui sans faveur*, c'est de l'optimisme de convention, et auquel croient à peine ceux
qui ont eu le talent d'arriver.

auprès du souverain et une réserve prête à lancer sur
la position conquise qui se révolterait. Mais, fait
curieux, il indique l'existence de ces précautions en
Chine, qu'il vient précisément choisir comme l'exemple
d'un pays possédant de ces garnisons mixtes de vainqueurs et de vaincus dont il est question à l'instant
dans son texte. Il est vrai qu'on peut supprimer, en ce
chapitre xvi du livre X, la mention de la Chine, sans
que cela nuise en rien à son raisonnement, les citations
de la Mongolie, de la Turquie et du Japon y suffisant
parfaitement bien.

Quant aux feudataires, c'est autre chose. Montesquieu
les déclare indispensables en pays soumis; et, de fait,
Romains dans l'antiquité, Anglais de nos jours, n'ont
jamais cessé d'en avoir, se gardant bien d'imposer *à
tous les peuples leurs lois et leurs coutumes*[1]. Napoléon Ier
en avait aussi créé; seulement, ils lui restèrent peu
fidèles. « Une pareille organisation est *un acte nécessaire*, dit notre auteur. Si le conquérant garde l'État
conquis, les gouverneurs qu'il enverra ne sauront contenir les sujets, et lui-même ses gouverneurs. Il sera
obligé de dégarnir de troupes son ancien patrimoine
pour garantir le nouveau. Tous les malheurs des deux
États seront communs; la guerre civile de l'un sera la

---

[1] Parmi les pensées de Montesquieu, je recommande à l'attention du
lecteur les suivantes : « J'ai eu d'abord pour la plupart des grands une
crainte puérile; dès que j'ai eu fait connaissance, j'ai passé presque
sans milieu jusqu'au mépris. — Je n'ai pas été fâché de passer pour
distrait; cela m'a fait hasarder bien des négligences qui m'auraient em-
barrassé. — Pour la plupart des gens, j'aime mieux les approuver que
les écouter. » Quelle douce finesse dans cette dernière remarque! et
comme cela débarrasse des ennuyeux, autant que d'être réputé assez
distrait et un peu sourd! — Je citerai enfin cette remarque : « Telle est
la bizarrerie de l'homme qu'il se plaît à n'accepter aucun emploi que
quand il veut et de la manière qu'il veut. » *Esprit des lois*, V, xix.

guerre civile de l'autre. Si, au contraire, le conquérant restitue le trône au prince légitime, il aura un allié nécessaire [1]. »

En fait de conquêtes, n'oublions pas l'axiome de Montesquieu : « Les conquêtes sont aisées à faire parce qu'on les fait avec toutes ses forces ; elles sont difficiles à conserver parce qu'on ne les défend qu'avec une partie de ses forces [2]. » En effet, la conquête disperse, oblige le vainqueur à éparpiller ses forces, l'expose à l'obligation d'être partout, par conséquent peut souvent le contraindre à être toujours faible.

Ne concluez pas de là qu'il ne faut point entreprendre de guerres lointaines ; on peut en faire, à condition de ne pas rester en ces pays, parce que parfois les troupes prennent plus de cohésion et de discipline loin et à l'abri des compétitions de parti qui se produisent au sein de la mère patrie. Dans une guerre éloignée il se produira une conquête momentanée. On sait que ce genre de conquête peut procurer une grande influence.

La guerre, a écrit Montesquieu, est *l'acte de justice le plus sévère* [3] ; mais en résulte-t-il, comme il semble l'indiquer, que son but soit *la destruction de la société* ? Parfois, soit encore ; mais toujours, non certes. La guerre redresse, corrige au moins certaines situations ; mais elle ne met pas tout à feu et à sang, et elle peut corriger chez le vainqueur comme chez le vaincu.

A voir Alexandre le Grand chercher à réunir les Indes avec l'Occident au moyen d'un commerce maritime, et joindre pour cela aux colonies qu'il avait fon-

[1] *Esprit des lois*, X, xvii.
[2] *Grandeur et décadence des Romains*, fin du chap. iv.
[3] 96ᵉ des *Lettres persanes*.

dées des navigations personnelles sur l'Indus, jusqu'à son embouchure, puis sur le Tigre, l'Euphrate et le golfe Persique [1]; on ne peut douter que la guerre n'étende les connaissances du conquérant et ne vienne en aide au développement de la civilisation.

Je comprends moins la série d'idées où se place notre auteur quand il bénit la paix, à condition que le traité qui l'établit laisse les deux peuples contractants *en état de se conserver* [2]; puis, lorsqu'il ajoute, dans le cas contraire, « la société, privée de sa défense naturelle par la paix, la peut chercher dans la guerre »; car, évidemment, il s'agit de la nation vaincue, et il me semble douteux qu'une guerre désespérée la relève. Il existe de semblables contradictions chez ce grand esprit, car il est grave de conseiller le désespoir; c'est bien assez qu'on y recourt de soi-même, par intuition, à la suite d'un mouvement de colère, mais au moins spontanément, le désespoir résolu, adopté à froid, puis concerté avec prudence, me paraissant une monstruosité.

Envisageons maintenant les côtés accessoires de l'opinion de Montesquieu sur la guerre.

Chez les anciens, s'écrie-t-il, *tout, jusqu'à la danse, faisait partie de l'art militaire* [3]; c'est encore ce qui se passe, et je crois que sous Louis XIV et Louis XV nos soldats comptaient aussi parmi les danseurs émérites. Ici Montesquieu, dans sa prédilection pour l'exercice et ses avantages, prend la partie pour le tout, la danse pour les exercices corporels. Ces derniers, assez perdus

---

[1] 96ᵉ des *Lettres persanes*.

[2] *Esprit des lois*, XXI, VII.

[3] On en jouait également sous Louis XV, sans cela Maurice de Saxe eût-il proclamé que le *secret de la guerre était dans les jambes* ?

de vue pendant la Révolution et l'Empire, alors qu'on
jouait tant des jambes[1], ont repris faveur et dans les
armées, et dans les établissements d'instruction publique, depuis la renaissance en Europe de la gymnas-
tique, due à l'initiative d'un Suédois, puis adoptée avec
ferveur en Allemagne.

Rapprochons des paroles de notre auteur cette assertion émanée aussi de sa plume : « Nos armées périssent
beaucoup par le travail immodéré des soldats, surtout,
ajoute-t-il en note, *par le fouillement des terres*[2]. Cela
semble un reproche fait aux travaux de terrassement
par les troupes, lesquels travaux constituent cependant
un exercice, et il n'y a qu'un instant Montesquieu
exprimait le regret que nous entraînassions moins nos
soldats à la fatigue que les Romains, affirmant même
quelque part « qu'une adresse trop recherchée dans
l'usage des armes est devenue ridicule, parce que l'es-
crime semble de nos jours la science des querelleurs[3] ».
Je suis loin d'appeler cela une contradiction ; seulement
fouillait-on autant la terre sous Louis XV ? Nos régiments
d'infanterie avaient bien, autour de la propriété de
Maintenon, travaillé sous Louis XIV à la dérivation de
l'Eure qu'on voulait amener à Versailles, et de là des
maladies qui les avaient décimés ; mais depuis ?

Montesquieu s'élève avec force contre une loi athé-
nienne voulant que, dans une ville assiégée, on y fît
mourir tous les gens inutiles[4] ; il entend par là les gens
âgés. Certes, il aurait dû mieux expliquer le texte incri-
miné. S'il s'agissait de massacrer, au risque d'empester
la ville, une fois qu'elle était bloquée, les individus ne

----

[1], [2] et [3] *Grandeur et décadence des Romains*, chap. ii.
[4] *Esprit des lois*, XXIX, xii.

pouvant contribuer à sa défense, c'était une cruauté ; si au contraire cette disposition visait seulement les bouches inutiles qui n'avaient pas voulu sortir à temps, elle s'explique assez et devenait, en cas d'extrémité, une simple punition.

Abordons une question essentielle. Mettra-t-on sur la même tête les emplois civils et les emplois militaires ? C'est là une question moderne ; car chez les anciens, soit Grecs, soit Romains, elle se trouvait résolue par le fait qu'il n'y avait pas d'armée permanente, dans le sens actuel du mot, et aussi par le motif que l'élection populaire choisissait pour chef d'armée qui elle voulait, qu'il eût ou non déjà commandé, pourvu bien entendu qu'il eût déjà franchi quelques échelons et revêtu certaines dignités. Montesquieu répond à ce sujet, et fort catégoriquement, qu'on doit « unir ces emplois dans la république et les séparer dans la monarchie. Dans les républiques, ajoute-t-il, il serait bien dangereux de faire de la profession des armes un état particulier, distingué de celui qui a les fonctions civiles ; et, dans les monarchies, il n'y aurait pas moins de péril à donner les deux fonctions à la même personne[1] ». Ce mot de péril indique combien notre auteur considère utile, sous un souverain, que les gens de guerre *soient contenus par les magistrats civils,* afin qu'ils ne disposent pas à la fois *et de la confiance du peuple et de la force pour en abuser.* En abuseraient-ils moins, je parle de cette confiance et de cette force, sous une république, et n'a-t-on pas vu plus de républiques que de monarchies usurpées par un chef d'armée déjà célèbre et victorieux à nouveau ? De ce que

[1] *Esprit des lois,* V. xix.

Bélisaire a poussé l'abnégation jusqu'à se sacrifier devant Justinien ingrat, puisqu'il avait fait la gloire militaire de son règne et l'avait sauvé de l'émeute, cela veut-il signifier qu'il n'eût pas eu assez d'influence pour se faire proclamer empereur et se maintenir à ce poste envié, surtout avec l'appui de sa femme l'intrigante[1] et séduisante Antonina? Si l'on considère les chefs militaires comme dangereux, ils le sont sous tous les régimes, et le *desideratum* consisterait à créer des mœurs politiques telles qu'ils ne le fussent plus, c'est-à-dire, entre autres moyens, à donner les grades au mérite modeste autant qu'à la faveur bruyamment réclamée et obtenue, de façon que cette dernière, peu sûre d'être victorieuse, se mette dorénavant moins en avant.

La séparation des emplois civils et militaires, dont Montesquieu proclame la nécessité dans les monarchies, recevait une atteinte sensible chez les premiers Français, en ce sens « qu'un principe fondamental de leur monarchie consistait en ce que quiconque était placé sous la puissance militaire d'un seigneur l'était aussi sous sa juridiction civile[2] »; un capitulaire de Louis le Débonnaire fait à cet égard marcher du même pas « la puissance militaire du comte et sa juridiction civile *sur les hommes libres* », c'est-à-dire en d'autres termes que le droit de justice se ramenait chez eux au droit de mener à la guerre. Chez ces Français des ixe et xe siècles, ce droit se trouvait tempéré en ce sens que, n'importe celui ou ceux qui possédaient la juridiction, jamais ils

---

[1] Il est vrai que l'impératrice Théodora eût lutté pour Justinien (ces deux femmes se valaient) ; mais, pendant les troubles de Constantinople, le maître de la situation était bien Bélisaire.

[2] *Esprit des lois*, XXX, xviii au début.

ne jugeaient seuls[1]. En tout cas, Montesquieu, demandant cette séparation, entend les monarchies modernes, en y comprenant celles qui sont monarchiques de forme, mais républicaines au fond[2]. Quant à la vénalité des charges, on sait qu'il la justifie, quoique Bodin[3], près de deux siècles plus tôt, se fût déjà élevé contre elle.

En réalité, par la séparation du pouvoir civil et du pouvoir militaire, notre auteur marque la soumission du deuxième au premier, mais sans se faire une illusion assez commune, celle que ladite soumission tempérera toujours les maux de la guerre[4], parce qu'il existe des premiers ministres qui, n'ayant pas porté l'épée, sont néanmoins absolus, cruels, animés par un ou deux principes en faveur desquels ils demeurent, d'une persévérance inflexible, de vrais sectaires, qui se font renverser, mais ne plient pas.

Montesquieu décide au début du chapitre III de son livre sur la *Grandeur et la Décadence des Romains* qu'il n'est plus possible à un petit État de *sortir par ses propres forces de l'abaissement où la providence l'a mis*, prédiction à laquelle la Prusse donna bientôt[5] un éclatant démenti. En même temps il compare l'effectif des armées dans l'antiquité et de son temps; chez les Grecs et les Romains il constate que cet effectif pouvait atteindre le huitième de la population, tandis qu'en

[1] Fin de ce même chap. XVIII.

[2] *Esprit des lois*, V, XIX, 3ᵉ question.

[3] Bodin et Montesquieu, deux écrivains de même trempe, ayant tous deux approfondi l'histoire et le droit.

[4] Ce n'est plus Montesquieu qui parle.

[5] Ce livre parut en 1734, et la guerre de sept ans, qui consolida l'agrandissement de la Prusse, finit en 1763; l'écart est de moins de trente ans.

plein XVIIIe siècle il ne devait guère dépasser le cen-
tième. Rome comprenait alors le double d'habitants
qu'aujourd'hui, et Athènes plus du décuple ; mais ce
n'est pas le seul motif qui permettait de mettre beaucoup plus d'hommes sous les armes ; c'était l'organisation de la société et sa manière de vivre. En effet, on
levait à Rome jusqu'à 22 légions de 4,000 hommes envi-
ron chacune. On levait en Grèce, en divers Etats, jusqu'à
32,000 hommes, effectif total de l'armée qui combattit
à Platée. Et cela pouvait se faire avantageusement[1]
durant de longues périodes parce qu'il n'y avait pas
dans ces républiques *l'indifférence pour le bien commun*[2]
qui nous tue en France en ce dernier quart du
XIXe siècle, et qui provient à mon sens moins de la
désunion des citoyens entre eux que de l'insuffisance
de nos ministres et autres chefs qui nous gouvernent
mal, et cela depuis plus d'un siècle, se laissant sur-
prendre aussi bien par l'explosion de la machine infer-
nale sous le Consulat, et la Constitution de Malet en
1812, à Paris, pendant le séjour de l'empereur Napoléon Ier en Russie, que par la prise de possession de
Chypre, ou un soulèvement des Canaques dans la Nouvelle-Calédonie, à la date de 1878.

Revenons à nos soldats, car une récrimination dé-
plairait et au lecteur et à l'auteur. Les anciens en obte-
naient donc plus que nous ; de ce que Montesquieu le
met en relief, gardons-nous de conclure sa prédilection
pour les grandes armées. Il les croit au contraire sus-

----

[1] *Grandeur et décadence des Romains*, début du chap. IV.

[2] Pour l'armée de terre, seulement, *chez les Romains* qui employaient
de préférence des affranchis sur leurs flottes. Voyez *Esprit des lois*, XXI,
XIII, et *Grandeur et décadence des Romains*, chap. IV, pour le peu
d'efficacité des rames antiques.

ceptibles, outre l'épuisement de l'État, de n'être ni
secourues, ni réparées au loin, tant les transports sont
difficiles, tant la lenteur des entreprises permet aux
incidents fâcheux de se produire [1]. Il paraît se contenter de l'envoi de *deux légions* contre les plus grands
rois, mais ici son enthousiasme oublie que Rome semait
la division de façon à toujours posséder de puissants
auxiliaires, enfin que ces deux pauvres légions savaient
mieux la guerre que leurs adversaires. Il signale que
chaque Romain, robuste et aguerri, compte toujours
sur lui-même, tandis que de nos jours on compte sur
ses voisins, on espère dans l'effet produit par la masse.
Il indique la meilleure discipline des anciens; enfin il
découvre l'ardente curiosité de l'antiquité pour deviner
les motifs de supériorité de l'adversaire et se les approprier. Mais a-t-il raison d'avancer que les combats de
gladiateurs furent adoptés afin de familiariser avec la
vue du sang et d'aguerrir? J'en doute, car ils ne datent
que du IIIe siècle avant Jésus-Christ, en sorte que la
République romaine vécut et combattit durant quatre
siècles sans les avoir; en outre et malgré leur succès,
dû à un goût sanguinaire dépravé, que les mauvais empereurs excitèrent outre mesure, ils ne furent pas tellement approuvés par l'opinion publique qu'un seul poëte
ait osé les chanter.

Ainsi Montesquieu opine *pour qu'on borne le nombre
des troupes réglées* [2], surtout en nos temps modernes;
par compensation, il veut de bons soldats et de préférence des soldats *européens*, suivant la maxime de Rome
qu'il cite, et qu'il loue de n'avoir jamais laissé les mo-

---

[1] *Grandeur et décadence des Romains*, chap. xx.

[2] *Esprit des lois*, XXIII, chap. xvii. Aujourd'hui encore plus d'un
État pourrait se tromper en comptant exclusivement sur le nombre.

narques asiatiques prendre pied en Europe et y recru-
ter leurs armées[1] ! Il veut encore des soldats obéissants,
auxquels il suffise de dire lorsqu'ils s'écartent momen-
tanément du devoir : « Nos ennemis ne vous surpassent
point en courage ; ils n'ont sur vous que l'avantage de
la discipline[2] ; » mais il ne propose pas d'aller jusqu'à
la consécration d'autels élevés à la discipline militaire
comme chez les Romains[3], il émet plutôt le vœu de
posséder un bon général[4].

Une assertion de Montesquieu m'étonne au sujet de
l'immixtion des chefs d'État dans les armes. « C'est
une chose commune, dit-il, de voir des princes qui
savent donner une bataille. Il y en a bien peu qui
sachent faire une guerre, qui soient également capables
de se servir de la fortune et de l'attendre, et qui, avec
cette disposition d'esprit qui donne de la méfiance
avant que d'entreprendre, aient celle de ne craindre
plus rien après avoir entrepris[5]. » Si un prince ignore
la guerre, il ne saura pas donner une bataille ; d'ailleurs l'auteur ne peut songer qu'à Louis XIV, car son
ouvrage sur Rome parut en 1734 avant la bataille de
Fontenoy, et Louis XV se trouve ainsi hors de cause ;
or, Louis XIV savait assez conduire administrativement
une lutte armée ; mais, tout en possédant des connais-

[1] *Grandeur et décadence des Romains*, chap. vi. Voyez, au chap. xvi.
ce que Montesquieu avance de la supériorité des légions d'Europe.

[2] *Grandeur et décadence des Romains*, chap. xxi.

[3] Lisez *Notice sur un autel à la discipline militaire* trouvé dans les
mines de Hadjarger-Room (pierre des Romains), dans la province d'Oran,
par M. Cherbonneau, professeur d'arabe à l'École des langues orientales
de Paris. *Bulletin de l'Académie d'Hippone*, n° 13. Bone, in-8, 1878,
p. 54.

[4] Reportez-vous à ce qu'il dit de Bélisaire, au chap. xx de *Grandeur
et décadence des Romains*.

[5] *Grandeur et décadence des Romains*, fin du chap. v.

sances à ce sujet, comme je l'ai montré ailleurs [1], il portait trop d'indécision dans le caractère pour se décider à livrer bataille. Pourtant, à mon sens, c'est là où un prince devrait exceller, savoir décider la fortune, tout au moins s'exposer habilement à ses coups, car sa vie entière le dispose à cela, je veux à l'intuition nécessaire aux grandes résolutions.

Montesquieu qui a proclamé franchement et résolûment en la préface de *l'Esprit des lois* : « Je ne crois pas avoir totalement manqué de génie », devrait peut-être se dire qu'un prince qui a fait la guerre en savait forcément quelque chose, car il y a des secrets de métier, et ce qu'un officier blanchi sous le harnais a fini par s'approprier, un monarque peut aussi le connaître, parce que, s'il n'a pas vécu au milieu des détails, au moins il a fréquenté et entendu les gens les plus experts. Et pourtant notre auteur n'a pas *l'esprit désapprobateur*, c'est lui qui le dit [2]; mais il cherche parfois, je dois l'ajouter, des motifs singuliers [3], comme quand il assure que les vertus des femmes venaient de ce que, dans ce pays, le mariage recélait plus d'amitié que d'amour [4], car en dépit de cette prétendue suprématie de l'amitié, la population ne décroissait guère, et on recourait à la fondation des colonies, on se louait

[1] Dans le mémoire intitulé *Talents militaires de Louis XIV*, 1867.

[2] Même préface, au début.

[3] En fait de singularité réelle, je citerai le passage de l'*Essai sur le goût*, où il note que les *grands hommes* doivent avoir de grands bras; mais ici la singularité n'est qu'apparente : il a voulu évidemment écrire les *hommes grands*. Montesquieu se montre aussi original quand il s'écrie, dans la préface du *Temple de Gnide* : « J'adore encore le beau sexe; et s'il n'est plus l'objet de mes occupations, il l'est de mes regrets; » car il ne comptait alors que trente-six ans.

[4] *Esprit des lois*, VII, IX.

comme guerriers mercenaires, afin d'arrêter les inconvénients d'un trop grand accroissement [1].

Montesquieu affirme que *la paix ne peut pas s'acheter* [2]; il veut dire par là que cet achat sera d'un court
effet, et se transformera probablement pour l'acheteur
en un tribut permanent, parce que le belligérant qui
vend la paix, se trouve, une fois son argent touché
et ses troupes renforcées, grâce à cet argent, se trouve,
dis-je, plus en état encore de forcer à la lui acheter
une seconde et une troisième fois. Néanmoins, après
chaque guerre, le devoir des États généraux ou assemblées nationales, consiste à *réparer le gouvernement*, car
la guerre peut être un remède, mais on ne doit pas
« faire sa nourriture ordinaire des remèdes auxquels
on doit sa guérison [3] ».

Il rappelle, au sujet du combat judiciaire, que plusieurs sortes de gens ne se trouvèrent en état ni d'offrir le combat ni de le recevoir, les femmes, par
exemple ; on permettait alors, en connaissance de
cause, de choisir un champion ; mais, une fois choisi,
celui-ci devait défendre sérieusement sa patrie, et,
afin de l'y engager, il savait qu'il aurait le poing coupé
s'il était vaincu [4]. On aurait dû agir de même à l'égard
des condottieri, lesquels, au moyen âge, lançaient les
troupes dont ils s'étaient fait les entrepreneurs, puis
ne les faisaient combattre que pour la forme, en sorte
que, dans les combats livrés entre eux, il y avait à peine
un ou deux tués.

[1] *Grandeur et décadence des Romains*, chap. xviii.

[2] Voyez Mably, fin de la dernière lettre sur les *Droits et devoirs d'un
citoyen*.

[3] *Esprit des lois*, XXVIII, xxiv.

[4] Début des *Entretiens de Phocion*.

Quant à l'art de la guerre, sans prétendre comme Mably que sa perfection tient au culte de la philosophie, il y en a toujours un. N'allez pas à ce sujet croire les propos de Paul-Louis Courier parlant de l'*oripeau* et des *mamamouchis* de nos grandes guerres, et se félicitant d'être quitte de la *protection* et de la *persécution de ces messieurs* [1]; les diatribes de ce grand écrivain, disons mieux de cet esprit frondeur, prouvent qu'il y a eu sous le premier Empire des généraux ignares et des favoris éhontés, comme dans tous les temps, comme on pourrait encore, à force de recherches, en découvrir aujourd'hui ; mais, en dépit de nos malheurs, restons persuadés qu'on fait mieux la guerre quand on la sait et tâchons de la savoir, d'en connaître les secrets, d'en appliquer les meilleurs procédés comme au bon temps. Rappelons-nous que c'est pour elle surtout que l'on doit prendre le contrepied du dicton musulman : « Heureuse l'ignorance des enfants de Mahomet [2]. »

[1] Lettres d'Italie, 12 septembre 1810.
[2] Fin de la 106e des *Lettres persanes*.

CHAPITRE III

DU GOÛT

Montesquieu pose en principe que le goût naît de
l'inconstance nationale, c'est-à-dire qu'une nation aimant à changer se forme le goût par cela même. Puis il
ajoute : « La société des femmes gâte les mœurs et forme
le goût. » Comment ? Par le désir de plaire qui amène
les parures et les modes. Il dit même : « Les modes
sont un objet important ; à force de se rendre l'esprit
frivole, on augmente sans cesse les branches de son
commerce [1]. » A ces assertions, il y aurait beaucoup à
opposer. Que la société des femmes établisse les mœurs,
oui sans doute, car sans elles y aurait-il des mœurs ?
Mais qu'elle les gâte, c'est trop sévère, et surtout c'est
considérer les mœurs par un petit côté, celui de l'amour
en rupture de ban. Que le commerce s'occupe des matières dont les modes ont besoin, à merveille, mais le
commerce s'exerce et spécule sur beaucoup d'autres
matières. A ce sujet toutefois mon intention n'est pas
de chicaner notre écrivain.

[1] *Esprit des lois*, XIX, viii.

Le goût, en fait d'esprit et de beaux-arts, devient plus élevé et plus utile que le goût qui crée et améliore les toilettes : Montesquieu a publié à ce sujet des Réflexions spéciales connues de tous sous le nom d'*Essai sur le goût*. C'est là que nous chercherons sa pensée.

Les *plaisirs de notre âme* forment les objets du goût, telle est sa définition. Il veut dire que les sources du goût sont en nous-même, mais elles naissent aussi bien par la vue que par la réflexion, c'est-à-dire que le goût s'exerce de prime abord autant que par comparaison. Que ces sources, que ces plaisirs qui en découlent, soient indépendants de nos sens, c'est une manière de parler, car ils en partent, cela est si vrai que sans eux nous n'en jouirions pas ; mais il reste juste d'avancer, et c'est le but de Montesquieu, que la prolongation du plaisir une fois conçu, se trouve en nous-même, dans notre être, que c'est dès lors un plaisir purement spirituel, un plaisir acquis, un peu de convention peut-être, et non un plaisir naturel.

La convention joue ici son rôle, puisqu'elle intervient même pour le manger et devient un des fauteurs de la gourmandise, chacun, par éducation, puis par habitude, aimant, préférant tel genre de nourriture, telle façon de l'apprêter. On sait qu'elle joue surtout son rôle dans les choses du théâtre, et que tout effet théâtral a besoin pour réussir que le spectateur soit peu à peu habitué, *entraîné*, à tel système de représenter un paysage, une scène.

Montesquieu admet l'influence de la convention en prétendant que nous aimons presque exclusivement ce que nous ne connaissons pas, d'où il résulte que nous aimons aussi ce que nous connaissons. L'art, affirme-t-il, se ressemble toujours, tandis que la nature ne se copie pas ; en d'autres termes, cette dernière emploie une infinité de combinaisons, tandis que l'art est borné en ce sens que le mieux consiste pour lui à prendre la nature là où elle est belle, je veux dire est bonne à *copier*.

L'influence de la force de nos organes est ardente. Ainsi nos monuments, nos statues, nos tableaux sont proportionnés à la force de notre vie et aussi au degré d'étendue, d'assimilation de notre âme.

Ceci admis comme base, notre écrivain distingue le goût naturel et le goût acquis. Surtout pour le premier, le sentiment de la curiosité est ce qui donne l'alarme, ce qui sonne la cloche. L'âme aime à chercher, je dirai plus : elle *doit* toujours être appelée par les choses nouvelles, et, suivant le mot de notre auteur, *ne se reposer jamais*. C'est ainsi que procède tout chercheur, tout travailleur de l'esprit : dès qu'il vient d'achever un travail, il en commence un autre ; sa tête ne cesse d'être en ébullition.

Il ne faut pas confondre la curiosité et le plaisir de la variété ; ce dernier semble compris dans la première et destiné à la compléter. Mais la variété n'exclut ni l'ordre qui sert à classer ce que nous avons vu et à en retenir la mémoire, par conséquent à en causer, à nous entretenir de nos impressions, ni la symétrie qui simplifie les appréciations et empêche les abus de la variété. Toutefois, l'influence de la variété ou de l'ordre diffère suivant les caractères, l'un cédant plus facilement à tel groupe d'idées ; et, quoique la variété plaise ordinairement, il n'est pas moins sûr que certains hommes ont besoin que la clarté préside pour eux à tout, même à ce qui se présente à leur imagination. Il le faut d'autant plus, pour ceux-là, qu'il existe plus

d'une apparence ; ainsi l'architecture gothique, la
remarque appartient à Montesquieu, paraît aussi variée
que l'architecture grecque semble régulière et uniforme, ce qui n'est le plus souvent exact ni de l'une ni
de l'autre.

Nous venons de mettre en contact la variété et l'ordre, deux choses assez dissemblables ; c'est plaider la
cause des contrastes. Montesquieu recommande ces derniers dans la sculpture dont le langage est froid et
l'expression toujours circonscrite. Par le contraste,
le statuaire fournit une échelle, donne la mesure. De
même en fait de style, ce contraste plaît et réveille :
il ne faut pas cependant en abuser ou plutôt on doit
écrire de façon à n'avoir que rarement besoin de son
secours. Pour moi, le contraste est le passage inaperçu
d'un ordre à un autre, c'est l'escamotage d'une transition, une nuance évitée et réservée pour une autre,
peut-être pour une meilleure occasion.

Il faut qu'une transition soit rare, au moins à mon
sens, et surtout bonne comme celle du gourmand qui
scande la répétition de son éloge : Voilà qui est *par-
fait!.. succulent... inénarrable!* Pourtant à l'occasion,
évitez-la, et constituez *une surprise*, elle plaît à l'âme.
Toutefois, ne surprenez pas trop vivement, un soubre-
saut soit, mais de dimensions moyennes. Voilà pour
les images.

Les idées se relient aussi par elles-mêmes : un souvenir agréable dispose bien, une prévention peut aveugler et cacher des défauts, un accessoire quelconque
entraîne, notre âme s'amuse à des désirs riants, surtout
si notre début dans l'existence a été gai. Les gens déli-
cats, par leur disposition à la suavité, multiplient à ce
sujet les côtés par lesquels ils sont accessibles.

Montesquieu va jusqu'à classer parmi les attraits, dont le goût se montre si friand, ce qu'il appelle le *je ne sais quoi*, charme invisible qui subjugue sans pouvoir se définir. A la rigueur, la laideur non repoussante pourrait en être gratifiée. Ce *je ne sais quoi* est l'inconnu, mais ce n'est qu'un rideau, un masque, et, dès qu'il tombe, tout s'évanouit avec lui, le lien est rompu, la chaîne est cassée, on ne plaît plus.

De même que la pudeur conserve un prix infini, et embellit certains rapports, même en les gênant, de même aussi le *je ne sais quoi* réside dans la liberté, dans l'abandon de certaines manières ; un regard, un geste, un peu d'accent dans les paroles, une négligence même, voilà souvent tout ce qu'il faut quand cela sort du commun, quand cela se produit naturellement et avec expansion pour aviver et pour vaincre. J'ai connu une femme qui disait, en réponse à un compliment : *Vous croyez ?* et à une supposition : *C'est possible !* d'une façon victorieuse et tout à fait inimitable. C'était du naïf, si l'on veut, mais, en cherchant à le reproduire, on l'eût dénaturé.

Le *je ne sais quoi* n'est plus le don de la beauté parfaite ; Vénus n'en a pas besoin, pas plus que la digne et majestueuse Junon, pas plus que la fière et hautaine Pallas. C'est évidemment une qualité de second ordre, mais d'une utilité très-grande. Elle est innée, comme le talent chez un poëte, car l'art de faire avec peine des vers faciles m'a toujours paru fort contestable, n'en déplaise à Boileau-Despréaux.

Montesquieu signale à merveille qu'un goût, un sentiment, nous fait souvent plaisir précisément parce que nous ne le pouvons démêler ; c'est exact. J'ajouterai que nous nous plaisons souvent à ne pas l'éclaircir, le clair obscur nous chatouillant agréablement le cœur, par ce que nous y entrevoyons une surprise, un dénoûment inopiné. Il est de ces demi-jours qui nous charment, et où nous voudrions nous trouver longtemps plongés. En affaires, en amour, au sein même de l'ambition, cette attente nous satisfait. Une telle propension s'offre plus fréquemment qu'on ne suppose; j'ai rencontré un personnage, avide de succès, qui n'était pas tout à fait fâché, quand il lui manquait, tant il se pouvait poser en victime et se replier dans sa dignité offensée.

Le contraste produit des effets étonnants et, comme tel, appuie, développe le goût. Au milieu d'une scène de péril, qu'un artiste peigne un homme placide, calme, attentif, comme ce dernier grandit ! Représentez un animal petit et doux, jouant sans frayeur avec un lion, et ce contraste fera ressortir la générosité du plus puissant, du roi des animaux.

Le goût, dit fort bien Montesquieu, n'est pas la règle, il serait plutôt l'exception. Mais il faut qu'il soit compris, et tout en provenant d'une inspiration, qu'il ne franchisse pas certaines limites.

De même il ne faut pas que le caprice d'un artiste offense la raison. Peignez dans le ciel des saints qu'on y martyrise, cela choque, parce qu'une fois arrivé en paradis on a fini de souffrir. Si Caton, en plein opéra, nous chante une ariette, nous sommes froissés, cela rapelisse ce personnage sévère et renverse toutes nos idées. Notre écrivain introduit ainsi dans le goût, objet frivole à certains égards, une branche qui se fonde sur des idées raisonnables; en montrant ce sentier peu ou mal entretenu, il indique combien la parodie doit plutôt tirer ses sujets de la fable, y compris l'Olympe.

ou des romans. Je ferai mieux sentir cela d'un mot : on commence en France à rire de Louis XIV, mais on rirait moins du premier des Napoléon qui se trouve plus près de nous, et l'auteur dramatique, ayant l'idée de le mettre sur les planches en dehors d'un rôle sérieux ou de clémence, s'amusant à la gaudriole et fredonnant une chanson risquée, soulèverait inévitablement le dégoût. C'est déjà beaucoup de l'avoir tenté pour François Ier qui, malgré ses fautes, a fait de grandes choses, et auquel Victor Hugo, malgré son *Roi s'amuse,* n'ôtera jamais sa victoire de Marignan, son courage hors ligne à Pavie, sa protection pour les lettres, et enfin sa ténacité habile à se tirer de captivité ; en fait de goût, il existe des limites pour tout le monde, même pour un grand poëte qui n'aime plus les rois, et les Italiens l'ont compris, en transformant, dans leur traduction ou imitation appelée *Rigoletto,* le monarque en un simple duc inconnu ou tout au moins anonyme.

J'écarterai la *malignité* de notre nature qui nous fait rire de l'embarras de quelqu'un ; quoique Montesquieu nous signale combien un dramaturge doit ménager sous ce rapport son action, et la succession de ses diverses scènes, afin que nous n'en venions pas, à la fin de la pièce, à nous moquer du personnage que nous avons aimé, ou qui nous a simplement intéressé, je ne crois pas qu'il faille en cela voir une affaire de goût. Notre voisin tombe, et sa chute est maladroite ; nous rions, c'est instinctif, et tout en ricanant, nous aurions voulu empêcher cet accident. Voilà tout ce qu'il y a raisonnablement à dire de ce dernier paragraphe.

Ces pages suffisent pour marquer comment notre auteur entend le goût et quelle est sa théorie à ce sujet.

CHAPITRE IV

DE L'AMOUR

J'en demande pardon à Montesquieu: je ne saurais partager son avis sur l'amour. Que le lecteur me permette de m'expliquer, puis il jugera.

Cet écrivain fait dépendre l'amour du climat; dans le Midi, dit-il, on est frêle, mais on se livre à l'amour et aux passions les plus vives, tandis que dans le Nord la machine humaine, saine mais lourde, se distrait à d'autres occupations et cultive peu le vice[1]. C'est prendre l'apparence pour la réalité et le vêtement pour le corps. Quoi les vrais Turcs et même certains persans, sont des êtres affaiblis? Quoi, nos bons paysans Normands et nos gros Picards, caressent rarement leur moitié? Et nos Bretons avec leurs douze enfants? Montesquieu parle de l'amour, non pas en homme froid, mais avec un préjugé véritable; il est un peu de la race de ceux qui croient à peine à l'existence de l'amour

---

[1] *Esprit des lois,* XIV, n.

chez le peuple [1], tandis que c'est tout l'inverse, car aujourd'hui, s'il rêvait du plaisir, Jupiter se travestirait en maçon plutôt qu'en gommeux. Et j'irai plus loin. Quand La Bruyère, en un morceau resté célèbre, se montre plus misanthrope qu'à l'ordinaire et dépeint ces soi-disant *animaux noirs*, ces *sauvages* qui grouillent dans les champs, eh bien! ces campagnards étaient encore assez perfectionnés pour apprécier en hommes les jouissances de l'amour, et, comme ils faisaient, il n'est pas aujourd'hui un *canaque* [2] qui ne le mette en pratique.

En dehors de cette divergence, j'en signalerai une autre fort importante. La galanterie peut être le mensonge de l'amour [3], mais ce n'est pas uniquement dans le sens dont parle notre moraliste. Il semble considérer la galanterie comme un amour de surface et tout platonique, mensonge quant à ceux qu'il met en évidence. Elle est aussi, et souvent un masque trompeur à l'abri duquel se meuvent et profitent des individualités habiles à ce jeu et façonnées à jouer dans son cercle : de plus, l'une de ces individualités est souvent l'une de celles placées sur le devant de la scène en évidence. Dans ce cas, si c'est la femme qui profite, on dira plutôt qu'elle agit par coquetterie que par galanterie, mais elle recourt à la galanterie comme à un moyen, d'autant plus que c'est un moyen permis.

L'amour rompt, mais il se renoue facilement ; pour lui la voie des raccommodements se trouve pleine d'im-

---

[1] À l'inverse de J.-J. Rousseau, qui a dit :

> A la ville on est plus aimable,
> Au village on sait mieux aimer.
>
> *Le Devin du village*, air n° 11.

[2] Indigène de la Nouvelle-Calédonie.

[3] *Esprit des lois*, XXVIII, xxii.

prévu et pavée de charmes. Ce sont des accoûts presque nécessaires, suivis assurément de fougueux et rapides soubresauts, mais qui ménagent des repos utiles, car, en cette passion, il faut, comme en finance, songer aux économies.

Dans les *Lettres persanes*, Montesquieu émet sur l'amour plus d'un paradoxe. Il plaît par sa candeur à présenter le sujet, souvent même en sortant du vrai. Il dramatise, comme quand il montre, en la lettre 139e, un jeune homme payant de sa vie une nuit d'amour. En excitant l'intérêt, il captive : voilà tout son secret. Ce résultat toutefois ne doit pas faire approuver ses théories.

Est-il vrai que la femme du sérail en veuille tant à l'eunuque qui la garde, et que dès lors celui-ci ait tout à redouter d'un quart d'heure d'amour, suivant la lettre 9e? je crois que ces moments demeurant rares pour elles, les beautés recluses doivent songer à les employer au mieux, et à les prolonger autrement que par des plaintes et des pleurs. Il me semble qu'entre femmes et eunuques du maître, il se doit établir plus d'un compromis, payé seulement par des privautés dont chacun, en ces lieux secrets, est à la fois friand et avare. Et cela sans qu'il y ait, au fond desdits arrangements, de grosses passions et des haines inextinguibles. A mon sens tous les sérails ne devenaient pas des enfers; cette idée est bonne pour les gens du Nord, assez indiscrets il est vrai, mais qui ne comprennent rien à ces lieux secrets, par la raison fort simple que le plus souvent ils n'en ont rien vu. La jalousie du maître, n'a jamais dû empêcher que là aussi chacun s'arrangeât pour y obtenir une vie douce, régulière et commode, car c'est la tendance humaine.

On le voit, je me méfie de la lunette spirituelle mais
rétrécie de Montesquieu ; en fait d'amour, l'auteur de
l'*Esprit des lois* me semble oblitéré avant quarante ans[1],
à peu près comme l'auteur de la *Satire des femmes*[2] qui
eût préféré avoir à dire du bien de celles qu'il ne pouvait flageller que la plume en main. Même dans les
appartements intérieurs des Persans et des Turcs, l'a-
mour prenait plus franchement ses ébats que les
phrases musquées et prétentieuses des *Lettres persanes*
ne le font croire, car ce petit dieu est un conquérant
et taille dans le grand. Peut-être notre auteur, en dépit
de sa largeur de vues, n'a-t-il osé peindre l'amour que
sous le faible diapason qui le régissait de son temps.
Il me semble en effet que je rencontre en ses pages
un roquet d'amour, toujours frisé et pommadé.

Assurément l'auteur qui considère les soldats invalides comme tous occupés de la religion et de l'art militaire[3], nourrit plus d'une illusion, car ces invalides
ne devaient valoir guère mieux que de nos jours, et je
ne m'étonne plus qu'il proclame le premier personnage de Paris, *celui qui attèle les meilleurs chevaux à
son carrosse*[4], tandis que c'est l'individu qui, pour un
motif ou pour un autre, produit le plus de bruit ce
jour-là.

Mais revenons à l'amour. Montesquieu qui considère
l'honneur comme le soutien des monarchies et a traité
en termes élevés du point d'honneur[5], suit pas à pas
l'amour dans ses *Lettres persanes*, et il serait curieux

[1] Préface du *Temple de Guide*.
[2] Boileau.
[3] 84° des *Lettres persanes*.
[4] Lettre 88.
[5] Lettres 89 et 90. *Esprit des lois*. III. v.

d'y talonner les impressions d'Usbeck, l'heureux possesseur du sérail dont il s'agit, si c'est le bonheur de
posséder un groupe de femmes dont pas une ne vous
aime librement. Essayons de le faire.

« Exhorte, dit-il, mes femmes à la propreté, *qui est
l'image de la netteté de l'âme* » (lettre 2). C'est presque une
idée empruntée à saint Augustin, lequel tient en estime
la propreté, et même la toilette, qui l'indique et la
met dans tout son jour, comme une demi-vertu. On sait
d'ailleurs que chez les Orientaux, on se lave sans cesse
le corps *afin de purifier l'âme* (lettre 17°).

En la lettre 7ᵉ Fatmé fait remarquer à Usbeck qu'elle
est gardée *pour son honneur et non pour son bonheur*,
depuis qu'il est absent.

A peu de pages de là, Usbeck, écrivant à Roxane,
insiste auprès d'elle pour lui prouver *qu'elle se trouve
avec joie dans une heureuse impuissance de faiblir* (lettre 26°), et, fait singulier, il lui énonce cette énormité
avec une conviction risible. Mais ne l'oublions pas, ces
lettres forment un roman et l'on y passe sans transition d'une fille d'Opéra enceinte, au pape chef des
chrétiens[1].

Bien entendu les Persans représentés et mis en relief
par Montesquieu préconisent le sérail, non-seulement
comme y offrant aux femmes une vie réglée, unie,
mais, comme étant fait autant pour la santé que pour les
plaisirs, pour les joies sévères, prises comme un devoir,
une subordination ; en un mot, ils le décrivent en lui
attribuant l'origine du sang si beau de la Perse (lettre 34°). C'est certes le cas de remarquer combien on

---

[1] Fin de la lettre 28°, et début de la lettre 29°. — Montesquieu rapproche aussi la multitude des filles de joie et le grand nombre des
moines. Voyez le début de la lettre 57°.

se plaît à justifier, à célébrer ses habitudes, ses manières d'agir. Nous sommes des composés d'habitudes, des imitateurs[1], des contrefacteurs.

Voilà pis encore. L'empire de la beauté est universel, avoue Rica (lettre 38); Mahomet vint au monde circoncis (lettre 39), signe que Dieu le favorisait, assure le pèlerin Ibbi (lettre 46); on marie même des eunuques, leur supposant presque un troisième sens (lettre 53); et partout, toujours, on n'a en vue que les plaisirs des sens, permis, même recommandés par la loi religieuse, par la loi civile. C'est un déluge d'images voluptueuses, lesquelles gagneraient beaucoup à se trouver entremêlées d'un peu de réserve, et dont l'exubérance et la prodigalité me semblent annoncer un attiédissement précoce et inévitable.

Au milieu de tout cela, un respect convaincu et charmant pour la chasteté, « cette vertu qui rend nos femmes et nos filles[2] semblables aux anges et aux jouissances incorporelles » (lettre 46). Mais Rica n'oublie pas de répéter que les jeunes mariées européennes subissent leur défaite juste un quart d'heure après qu'elles se trouvent seules avec leur mari, tandis que les Persanes *disputent quelquefois le terrain des mois entiers* (lettre 55). Montesquieu insiste sur ce fait parce qu'il prise la pudeur, cet accompagnement, cet attrait de l'amour, qui offre un autre avantage peu remarqué, celui de conserver les individus, en rendant plus rares les abandonnements à l'amour[3]; ce n'est pas lui qui

---

[1] J'ai traité ailleurs des imitations : d'abord dans un mémoire intitulé *des Imitations militaires*, lu en 1865, et imprimé en 1866; puis, dans un *Dictionnaire des imitations* (commencé, à terminer et à publier).

[2] Dès l'âge de sept ans, on les confiait aux eunuques noirs, et on les faisait passer dans les appartements intérieurs du sérail. Lettre 62e.

[3] Voyez *Esprit des lois*, XII. xiv, et XVI, xii. Cette pudeur, la décence

chercherait comme le curieux de Plutarque[1], « à péné-
trer indiscrètement à travers le corps de la tendre
pucelle ».

Il est singulier d'entendre dire avec étonnement à
un Persan que les Français ne parlaient presque jamais
de leurs femmes, *de peur d'en parler à des gens qui les
connaissent mieux qu'eux* (même lettre), car les Turcs,
qui les enferment aussi, n'en jasent jamais et n'aiment
point qu'on leur en demande des nouvelles.

Il est aussi surprenant de découvrir chez un Persan
la description du badinage d'esprit, « qui amuse les
femmes en semblant leur promettre à chaque instant
ce qu'on ne peut tenir que dans de trop longs intervalles » (lettre 63) ; car on badine partout, non-seulement afin de tuer le temps et d'éloigner le renouvelle-
ment forcé et inévitable des combats amoureux, mais
encore parce que badiner distrait et amuse, *car peloter
en attendant partie* ne s'applique pas uniquement à la
race féline[2].

Faut-il, pour développer le cœur des femmes, com-
mencer par soumettre leur esprit, comme le prétend
un chef d'eunuques d'Usbeck (lettre 64) ? il s'agit d'un
eunuque noir, les plus abhorrés du sérail, et on le sait
de femmes renfermées. Ne jugeons pas trop d'après le
point de vue européen. Certes, l'indépendance d'esprit

en général, l'art des convenances, se trouvaient fort respectés en Grèce,
surtout chez les Athéniens ; lisez à ce sujet : *Origine des lois*, par Go-
guet, 3e époque, livre VI, chap. III : des peuples de la Grèce, art. 2, des
Athéniens ; et *Voyage du jeune Anacharsis*, par Barthélemy, chap. XXVI,
de l'éducation des Athéniens. Les filles pucelles de Grèce et de Rome
portaient des caleçons, ou pantalons, comme nous dirions aujourd'hui.
Voyez Polydore Vergile, *De l'origine et invention des choses*, traduction
Belle-Forest, 1582, p. 35.

[1] *Traité de la curiosité.*

[2] Sur cette race, reportez-vous à mes *Chats de guerre*, 2e édition, 1878.

donne à une femme un grand empire sur les mouvements de son cœur, surtout s'il s'y joint la liberté que procure la fortune ; celle qui sait que les besoins de la vie seront satisfaits chez elle, celle qui a goûté à la coupe délicieuse et rare d'agir à sa volonté, gouverne mieux son cœur, au moins jusqu'au jour où elle aime véritablement, éperdûment, car alors, pour se contenter, elle franchit tous les obstacles, se soumet à tout, renverse tout, comme un boulet de canon animé d'une grande vitesse. Ainsi, abattre l'esprit laisse le cœur plus accessible ; l'eunuque a raison. Telle est la thèse générale ; toutefois, les têtues font exception, et aussi celles qui ont l'esprit peu ouvert, car, parmi les premières, il en est qui croient de leur dignité de ne pas céder, et, parmi les secondes, beaucoup n'ont pas la prescience d'apercevoir le moment où elles doivent aimer. Enfin, même en cherchant à mater l'esprit d'une femme, il faut compenser votre sévérité à cet égard par de petits soins, non que ces soins la gagnent toujours, mais parce qu'ils lui procurent une occasion et un motif de capituler si elle le juge convenable. En principe, ne laissez jamais à une femme un retranchement impénétrable, où elle vive en ayant l'air offensé ; ménagez des issues, qu'elle puisse sortir et se rendre à la première velléité.

Usbeck me semble imprudent ; il parle, en ses lettres à ses femmes, de modestie et de vertu, sans jamais leur rien promettre (lettre 65) ; un mot de tendresse lui échappe sans doute, mais à la dérobée, car s'il rappelle qu'il est l'époux, il ne manque jamais de proclamer solennellement qu'il est surtout le maître. Et pourtant, un tyran adroit dore et rend souples et flexibles les chaînes dont il se sert.

Que souhaite Usbeck à sa propre fille? *Dix eunuques
pour la garder*[1], et, en compensation, des *lambris dorés
et des tapis superbes* (lettre 74). Voilà bien les Orientaux! Chez nous, un père souhaite à sa fille un mari
qui l'aime et une dose de liberté raisonnable.

« Tout Espagnol qui n'est pas enrhumé ne saurait
passer pour galant » (lettre 78). Voilà une plaisante
manière de représenter l'amour sous la fenêtre, que
l'on pratique tant en ce charmant pays.

Usbeck vend ses femmes dès que leur beauté passe
(lettre 79). Tel est le sort de ces malheureuses; et l'on
veut qu'elles aient foi dans l'amour du maître, dans la
durée du sérail, dans quoi que ce soit. Elles ont foi
dans leur jeunesse, voilà tout, et encore sauf l'intervention d'une rivale plus heureuse.

Cette intervention devient souvent cruelle, et les
bourreaux maîtres de ces maîtresses, les eunuques, la
font naître et en épient les résultats avec une fureur
farouche, alors qu'ils introduisent quelque nouvelle
esclave assurée d'une beauté parfaite au sein d'un sérail
depuis longtemps immobile et sans changement d'aucune espèce (lettre 116).

Si nous revenons à l'amour européen, Rica trouve
que les procès auxquels il donne fréquemment lieu
font les hommes beaucoup plus mauvais qu'ils ne sont
(lettre 86). Il blâme plus d'une réclamation féminine, et
surtout certain appel public à un mari pour prouver
qu'il possède la principale des qualités requises,
« épreuve aussi flétrissante pour la femme qui la sou-
tient que pour le mari qui y succombe », mais dont
Catherine de Médicis eût bien su se passer au sujet de

[1] Voyez la note 2 de la page 76.

sa fille Marguerite de Valois, devenue avant la Saint-Barthélemy la femme du prince de Béarn, destiné à se nommer Henri IV [1].

Est-il vrai, au moins en Orient, qu'un grand nombre de femmes soit plus facile à gouverner qu'un petit (lettre 96) ? Sans doute, on peut y jeter plus facilement la division, mais aussi il peut s'y former des groupes. Je laisse le soin de décider aux hommes assez... malheureux pour avoir jamais eu à leur disposition, et à la fois, un stock d'au moins douze femmes, soit un sérail assez imposant.

Cette question nous ramène au rôle d'une jolie femme (lettre 140) ; il a son importance partout, car il faut laisser entrevoir, soupçonner un charme, et non le montrer ; car il faut peindre le bord de l'œil, roser les joues, poser une mouche assassine ; Esther elle-même ne s'est-elle pas parfumée *six mois* avec de l'huile de myrrhe avant d'être présentée au roi Assuérus [2] un soir, lequel monarque cependant demeura ensuite *trente jours* sans la faire appeler à nouveau [3], et quoiqu'il l'eût déclarée reine ?

Et en pensant à ses plus jolies prisonnières, Usbeck nous avoue que « le grand nombre de femmes est plus propre à nous épuiser qu'à nous satisfaire » (lettre 114). Quel aveu dans sa bouche ; qu'il devait s'y connaître, étant d'un pays où l'on s'est déjà trop abreuvé à la coupe de l'amour, et cela avant d'avoir atteint l'âge propice ! Il n'eût pas fait cette confession à sa sortie de Perse ; il s'y résigne après un long séjour en France.

[1] Voyez mon *Histoire de Charles IX*, p. 357.
[2] La *Sainte Bible*, livre d'Esther, chap. II, versets 12, 14, 17.
[3] La *Sainte Bible*, chap. IV, verset 11.

C'est là, en effet, un des ressorts employés par l'auteur, que les idées de son principal personnage se modifient au fur et à mesure de son séjour en France, puisque le sérail qu'il a laissé en Perse va de mal en pis, par la jalousie et la mauvaise conduite de ses femmes, par la maladresse et la cruauté de ses eunuques; en un mot, Montesquieu vise à la fois à la peinture vive et imagée de l'intérieur d'un sérail, et aussi à la critique de cette institution; de la sorte, il intéresse et instruit.

On retrouve le grand écrivain et sa prédilection pour l'histoire romaine en le rencontrant dans la lettre suivante, qui loue les Romains de ne point entraver la multiplication de leurs esclaves, laquelle occasionnait pour eux une source de richesses, tandis que les Perses restaient à ce sujet indifférents, ne les employant qu'à la garde de leurs femmes. Aussi la population s'accroissait peu chez ces derniers, où l'on ne voyait jamais un esclave devenu riche conquérir à la fois sa liberté et le titre de citoyen. Mais ceci ne touche à l'amour que par un côté, et ce n'est pas ici qu'il convient d'examiner pareille thèse, pas plus que celle de la prohibition du divorce, qui dépeuple, dit-il, les pays chrétiens (lettre 117). En fait de population, Montesquieu blâme aussi l'idée que nous sommes sur terre uniquement des passants et des voyageurs; il le dit pour les mahométans, mais, dans sa pensée (lettre 119), cela s'applique également aux chrétiens.

En fait d'amour, parlez-moi de la lettre 125, où figure cette femme qui veut absolument se brûler après la mort de son mari, tant qu'on lui refuse ce droit, et qui ne le veut plus dès qu'on le lui accorde, parce qu'elle apprend que sa mort volontaire lui fera rejoindre le cher homme, un bénéfice qu'elle n'accepte pour aucun

motif, et principalement parce qu'il était trop vieux.
Ce petit tableau paraît peint de main de maître.

L'amour en paradis se trouve aussi agréablement
rendu. Il s'agit d'un amour qui se renouvelle toujours,
et cela d'une façon insaisissable ; le talent de l'écrivain
consiste à faire croire au lecteur qu'il n'en résulterait
aucune monotonie, seul inconvénient à craindre, car
du moment qu'on devient immortel, les forces ne
peuvent plus manquer. Il s'agit d'ailleurs d'une femme,
c'est-à-dire d'un être bien mieux doué que nous sous
ce rapport. Lisez donc l'histoire de la Persane Anaïs,
contée par Zulema, et de son sérail d'hommes, dans la
lettre 141 : on en a déjà beaucoup ri depuis l'apparition
des *Lettres persanes;*

> . . . . *Riez à votre tour*

comme le dit Désaugiers à la fin de son conte *Rien
qu'une !*

Ces lettres finissent par une tragédie. Usbeck souffre
à la fois d'être sans nouvelles fréquentes du sérail, et
d'en recevoir, car elles sont mauvaises. Ses femmes se
révoltent, se conduisent mal ; les lettres des eunuques
excitent sa jalousie ; il ne sait plus auquel entendre.
Ces misérables vont jusqu'à fouetter ses femmes. Enfin,
la plus aimée, Roxane, lui écrit une missive fière et
haineuse dans laquelle il voit, à ne pas s'y tromper,
qu'il a récolté, par sa conduite envers elle, plus de haine
que d'amour. C'est la dernière lettre du recueil ; sur ces
imprécations le rideau tombe.

Laissant de côté cette fin attristée et larmoyante, je
terminerai d'un mot. Pourquoi, en ses lettres à ses
femmes préférées, Usbeck ne leur promet-il pas beau-

coup d'amour à son retour, alors que son premier eunuque l'avertit des dangers de prolonger son absence (lettre 116e, à la fin)? Sans doute parce qu'il n'est besoin de rien promettre à des femmes renfermées, sans doute aussi parce qu'en fait d'amour un musulman se contente d'agir et parle le moins possible à l'inverse des Français, qui en parlent tant et de telles façons, qu'il ne leur reste plus ni temps, ni disposition pour le faire.

CHAPITRE V

UN MOT SUR LA LÉGISLATION

Que veut Montesquieu du législateur, ou, ce qui revient au même, comment entend-il que la législation soit émise et se gouverne ?

Avant tout le législateur doit diviser le peuple *en de certaines classes*, afin que la démocratie dure et prospère [1]. Cela s'entend d'une nation qui se fonde, car, dans un pays vieux et ayant déjà passé par plusieurs formes politiques, opérer cette division offrirait plus d'une difficulté. On le voit, il existe chez notre auteur des points de vue qui ont vieilli, et cela s'explique par les modifications apportées dans le monde moderne par la Révolution française.

En second lieu les lois seront relatives au principe du gouvernement [2] : nous avons touché ce point en notre chapitre sur la politique.

Je laisse de côté les moyens de ramener un peuple,

[1] *Esprit des lois*, II, 11.

[2] Cette thèse se trouve développée dans le livre V de l'*Esprit des lois*.

rendu atroce par des lois cruelles [1]; c'est un cas heureusement rare et loin de nous. Souvent la vigueur des lois produit leur impuissance; néanmoins, le pays où elles sont appliquées en souffre et gémit. Il n'en est pas d'elles comme des règlements répressifs de l'inconscience publique, lesquels s'étendent ou se relâchent avec les progrès du luxe [2], on les doit éviter, on le peut presque toujours.

Les peines pécuniaires sont les plus modérées et souvent les plus sages.

On ne doit ni poursuivre ni punir la pensée, le songe, comme Denys le fit envers Marsyas, d'autant que cette pensée, ce songe, c'était Denys qui les avait eus et non Marsyas [3]!

Montesquieu attache une grande importance au climat; il s'oppose à ce que la loi force la nature de ce climat. Les caractères et les passions des hommes en dépendant ou du moins « le physique du climat pouvant produire diverses dispositions d'esprit [4] », il faut en tenir compte dans la rédaction des lois, puisque ces lois sont destinées à diriger les premières et à contenir les secondes. Toutefois l'influence du climat est-elle aussi forte et chaque degré de latitude ajoute-t-il un degré de sensibilité? même avec la restriction *pour ainsi dire* [5]. Montesquieu, quoique réservé par l'ensemble de sa nature, et habitant une contrée froide,

[1] *Esprit des lois*, VI, XIII.

[2] *Esprit des lois*, VII, XIV.

[3] Montesquieu commet ici une double erreur: la première en attribuant le songe à Marsyas, sans doute parce qu'il s'était servi d'une traduction inexacte; la seconde, en citant comme source la *Vie de Denys* par Plutarque, cette vie n'existe pas et il a voulu dire la *Vie de Dion*.

[4] *Défense de l'Esprit des lois*, au mot *Climat*.

[5] *Esprit des lois*, XIV, II.

n'a-t-il jamais été combustible? Ce visage sévère, cette
cervelle distraite ne se sont-ils jamais modifiés sous
l'influence de quelque épanchement [1]? Je le soupçon-
nerais volontiers et les pages qui précèdent portent
trace de ce soupçon, de n'avoir pas mis toujours sa
pratique à l'unisson de sa théorie, en dépit de ses observations sur la structure d'une langue de mouton [2]. En
tout cas, il eût pu indiquer combien le changement de
climat exerce d'influence dans les maladies du cerveau [3],
et en général sur l'imagination ; cela serait venu à
l'appui de sa thèse, car l'imagination joue un rôle dans
l'amour et tient par conséquent sa place dans les
sentiers inconnus qui aboutissent à la propagation de
l'espèce.

De même l'homme est-il seulement un animal timide
qui cherche la paix ; Voltaire prétend, avec un peu de
moquerie, que Montesquieu l'affirme à l'opposé de
Hobbes [4]. Il est certain que c'est en société, cette fois,
notre auteur le dit nettement, que vient l'usage des
armes et des clefs, c'est-à-dire l'attaque et la défense [5].

On s'habitue à tout ; « à voir souffrir comme à souffrir ; la même loi qui fait le bon malade fait aussi le
bon chirurgien, le bon peuple et le mauvais prince. »
Ce n'est pas Montesquieu, mais une individualité beau-

[1] Reportez-vous à notre dernier chapitre : *Détails biographiques.*

[2] *Esprit des lois*, XIV, II.

[3] Reportez-vous à la *Médecine de l'esprit*, par Le Camus, in-12, Paris,
1769, t. II, p. 184, 188. L'auteur indique comment on peut remédier au
défaut de changement de climat en aménageant les appartements, et l'air
qu'ils renferment, suivant les saisons : par exemple, en y rendant l'air
tempéré par du feu, *humide* par des arrosements ; en y ajoutant plus de
fluidité par la présence de fleurs telles que la rose, le muguet, le sureau,
la giroflée.

[4] *Esprit des lois*, Iᵉʳ, II.

[5] *Esprit des lois*, Iᵉʳ, début du chap. III.

coup plus restreinte, le D' Isidore Bourdon, qui a dit
cela à la fin de son article *Habitudes* du *Dictionnaire de
la conversation*. L'habitude se transmet moins en fait de
législation ; pourquoi? Parce que l'homme, ce coupable
de l'habitude, ne vient qu'en troisième lieu pour le
législateur, qui considère d'abord la société puis les
citoyens [1]. Il en est du législateur comme du prophète,
comme de la divinité, moins la différence de l'échelle ;
pour lui, l'individu n'est rien, le groupe tout, et, en
effet, s'il n'y avait qu'un homme, son rôle s'effacerait,
ce spécimen unique serait son propre législateur ; il
se gouvernerait par la loi naturelle, par sa conscience.
Montesquieu doit donc regarder avec un certain dédain
l'homme isolé, car il ne vit, il ne pense lui-même que
par la société, c'est là sa propre habitude.

Montesquieu déclare la terre une grande planète,
*si grande qu'il est nécessaire qu'elle contienne différents
peuples* [2] ; ce mot semble trop ambitieux et détonne avec
nos idées actuelles. Modestie ou non, nous savons aujourd'hui que la terre est une petite planète, et que,
malgré notre intelligence, nous ne sommes pas probablement la plus grosse agglomération d'êtres vivants.
Les populations des autres planètes jouissent sans doute
des bienfaits d'une législation, et peut-être ont-elles
un *Esprit des lois* leur appartenant. Au point de vue de
notre auteur, cette *note* n'atteint qu'un but: montrer
combien son 1er livre, basé sur le rapport des lois avec
les êtres, est d'une philosophie assez vague et cela
doit être, *à priori* d'après le sujet, et en second lieu
dans le sujet parce que c'est une déclaration, un exposé

---

[1] *Esprit des lois*, XXVII, 1er.
[2] *Esprit des lois*, 1er, III.

de principe, presque une table des matières de l'ouvrage. Un mot le fera comprendre. Les Iroquois, par exemple « qui mangent leurs prisonniers, mais ont néanmoins un droit des gens[1] », reconnaîtraient-ils que ce droit des gens ne se trouve pas fondé sur les vrais principes? cela veut dire ne repose pas *sur nos principes*, car nous aimons assez à tout rapporter à nous, et nos écrivains, qui travaillent pour nous, ne peuvent guère avoir d'autres vues. Toutefois, je ferai remarquer combien cette prédilection pour nos coutumes et nos idées se trouve plus accentuée en ce qui concerne le droit des gens, car c'est un droit de convention avant tout, même un droit d'exception, si l'on veut en ce sens que nous ne l'employons que dans des moments rares et courts, tandis que le droit civil, le droit pénal, le droit commercial appartiennent à tous les instants.

Les castes importent autant à la législation intérieure qu'à la politique, car les priviléges concédés aux principales modifient l'action des tribunaux et la marche sociale entière. Montesquieu proclame que par l'abolition dans une monarchie « des prérogatives des seigneurs, du clergé, de la noblesse et des villes, on aura bientôt un Etat populaire, ou bien un Etat despotique[2] ». En effet, depuis la Révolution française et la fameuse séance où les priviléges furent généreusement abandonnés, qu'avons-nous en France? La République ou l'Empire, l'un et l'autre il est vrai restant sur le terrain constitutionnel, c'est-à-dire ayant et employant deux Chambres, dont une au moins formée par l'élection. Montesquieu ajoute en faveur du maintien de cer-

---

[1] *Esprit des lois*, Ier, III.
[2] *Esprit des lois*, II, IV.

tains priviléges que certaines castes peuvent enrayer les
tendances d'un despotisme inné; tel fut longtemps le
clergé en Espagne et en Portugal. Et cela vaut mieux
que le privilége cité par notre auteur, d'après lequel
au Malabar chaque guerrier ne possédait qu'une frac-
tion de femme afin que le mariage lui fût aussi peu
embarrassant que possible et lui laissât l'esprit militaire[1].

La législation relative aux castes offre un fait essentiel, la composition[2]. On composait *à sa générosité* pour
les actes involontaires et sous condition que les parents
lésés abandonneraient leur vengeance, et c'est en
général rien que par de semblables compositions, et
aussi par des profits pour les seigneurs ou justiciers,
que s'exerçait la justice féodale. Toutefois cette justice
provenait de coutumes, souvent barbares je le confesse,
mais vieilles et non d'usurpations; sans cela les seigneurs féodaux eussent été les esprits les plus raffinés
et les plus subtils pour avoir imaginé de telles combinaisons, et l'on sait que ce n'était pas le cas. L'origine
de la législation demeure assez compliquée pour qu'on
se garde de l'enchevêtrer encore par une certaine dose
d'imagination.

A côté de la composition, représentée en partie de
nos jours par les dommages-intérêts, je placerai la
nécessité de borner les biens du clergé. Si les familles
devaient se perpétuer indéfiniment[3], ces bornes seraient
moins utiles; mais du moment qu'il est loin d'en être
ainsi, puisqu'une famille célèbre ne dépasse guère
trois siècles de durée, le clergé ayant latéralement une

[1] *Esprit des lois*, XVI, v.
[2] *Esprit des lois*, XXX, xx et fin du chap. précédent.
[3] *Esprit des lois*, XXV, v.

existence presque éternelle, finirait par devenir, à
côté de citoyens restés pauvres ou médiocrement enri-
chis, puissamment riche, au point de se trouver en
état de tout acheter, même le gouvernement. C'est ce
qu'il faut éviter. De là une limite, des bornes salutaires.
La Sainte Bible en donne l'exemple dans son livre intitulé : *Les Nombres*[1], où l'Eternel dit au grand prêtre
Aaron : « Tu n'auras point d'héritage en leur pays, tu
n'auras point de position parmi eux : je fais ta position
et ton héritage au milieu des enfants d'Israël. »

Il est des choses et des effets qui échappent à la
législation, par exemple l'influence des femmes dans
nos pays européens, et certains résultats de l'industrie.

Montesquieu a peint l'influence féminine dans la
108ᵉ des *Lettres persanes;* il montre la maîtresse d'un
ministre moins occupée à faire l'amour qu'à lui présenter des placets, afin d'obliger des gens qui la récom-
pensent en cadeaux. Ces maîtresses ont l'air de rendre
service, et souvent exploitent leur situation : on leur
pardonnerait d'avoir un amant, il est moins excusable
de prêter sa beauté afin de servir son ambition ou son
avarice. Ces différentes puissances féminines se coa-
lisent et s'entendent, en sorte qu'elles constituent un
pouvoir occulte. Pareil pouvoir étreint la société, asser-
vit les individus et organise un despotisme, en partant
de moyens aimables, mais qui ne restent pas toujours
tels. C'est une action masquée, qui peut disparaître et
cesser, mais contre laquelle on ne réagit guère.

Notre auteur ne pouvait juger à notre point de vue
l'industrie, qui, depuis un siècle et demi, est sortie de
pair, a réalisé des progrès immenses, s'est constituée

---

[1] Chap. xviii, verset 20. Montesquieu désigne à tort le *Lévitique.*
V. aussi le *Deutéronome*, chap. x, verset 9.

en puissance nouvelle. Il en attribue le succès *à la vanité d'une nation* [1], la confondant, tout au moins la
réunissant au luxe, à la mode, au goût. Il ne voit évidemment que l'industrie des petites choses. Puis, comme
il aime le paradoxe : « L'orgueil d'un Espagnol, dira-
t-il, le portera à ne pas travailler; la vanité d'un Français le portera à savoir travailler mieux que les autres [2]. »
Je regrette de voir Montesquieu s'arrêter de la sorte,
car le Français, devenu habile dans son art, aimera-t-il
pour cela exercer cet art, et travaillera-t-il toujours?
Ce sont des tendances très-différentes, et tel d'entre
nous, artiste habile, émérite, s'abandonne à sa paresse
et ne produit plus, exemple le musicien Rossini. Et ce
que produit l'indolence innée, le goût des places obte-
nues par les démarches et l'intrigue, le détermine
encore plus [3].

[1] et [2] *Esprit des lois*, XIX, ix.

[3] *L'Industrie et la Morale, dans leurs rapports avec la liberté*, par
Dunoyer. Paris, 1825, p. 304.

CHAPITRE VI

LE STYLE

Le style de Montesquieu appartient au genre bref ;
c'est là sa première qualité. Il dit juste ce qui est nécessaire, tellement qu'aujourd'hui on ne comprend plus
cette manière de faire ; la mode est venue, sous prétexte
de clarté, d'allonger ses phrases autant que ses expli-
cations, de tout délayer, de noyer un petit nombre
d'idées en beaucoup de pages. Aussi, que de choses s'en
vont, ou plutôt se perdent au milieu du fatras, en littérature comme en administration. Avec le style serré,
au contraire, le style à la Montesquieu, avec la pensée
nette [1] et concise, plus de doute, plus de tergiversation :
on était instruit promptement, on comprenait mieux,
parce que l'on n'était plus obligé de courir après une
conclusion, on avait du temps de reste pour la pratique
et l'exécution.

On a présenté un singulier motif afin d'expliquer le
style concis de Montesquieu ; cette invention remonte à

---

[1] Si le style de Montesquieu peut être accusé de contrainte, cela est
bien rare pour la pensée.

Buffon. Vif et distrait, il oubliait, dit-on, ce qu'il voulait dicter, en sorte qu'il se voyait obligé de resserrer tout dans le moindre espace. Je donne cette explication pour ce qu'elle vaut.

Je sais ce que l'on prétend : l'auteur de l'*Esprit des lois* manque d'abondance parce qu'il manque d'amabilité ; il écrit suivant sa nature, il reste sec[1], absolu, il ignore l'art des transitions[2]. Peut-être existe-t-il en cette assertion certain fond de vérité ; mais du moment que notre auteur, qui n'était homme du monde qu'à moitié et à ses heures : qui, du reste, ne s'est jamais adonné au genre historique proprement dit, trouvait plus utile de borner son style et de donner des résultats plutôt que des dissertations, je ne vois pas qu'il soit blâmable. Pour ma part, j'accorde la préférence à ce système, toutefois à une condition, largement remplie par Montesquieu, que le résultat soit juste, souvent profond, et qu'il éclaire l'esprit du lecteur d'une vive lumière. En d'autres termes, dans le genre correct (c'est celui de notre auteur), je veux du talent, parce que c'est ce que je prise avant tout, fût-ce même un talent encore entouré d'ombre, et susceptible par son genre ou par sa modestie de ne jamais parvenir en pleine lumière.

Le style sec et raccourci de Montesquieu provenait sans doute aussi de ce qu'il se corrigeait beaucoup, se raturant jusqu'à quatre ou cinq fois[3].

---

[1] « Tout le monde *ne peut pas être sec* », disait-on de d'Alembert. V. les *Caractères et Anecdotes* de Chamfort.

[2] C'est Walckenaer qui lui adresse ce reproche, en invoquant Boileau ; mais on peut être un bon écrivain sans satisfaire aux conditions étroitement exigées par ce législateur du Parnasse.

[3] *Histoire de Montesquieu*, par M. Louis Vian. 1878, p. 54. On doit au même écrivain une *Bibliographie des OEuvres de Montesquieu*. 1874.

Puisque j'en suis à mes impressions sur Montesquieu,
je dirai également qu'il possède à merveille le don de
création, le premier des dons, non pas tant parce qu'il
a proclamé fièrement avoir écrit *sans modèle aucun* [1]
l'*Esprit des lois*, mais parce qu'en ses ouvrages de
second ordre, en ses moindres morceaux, il produit, il
donne la forme avec une véritable supériorité. En ses
œuvres, pas un pastiche, pas un plagiat : tout émane
de lui, est imaginé par son cerveau, décoré par sa
plume d'images brillantes quoique sobres, enchaîné
d'une façon saisissante et logique par son esprit, que
de longues études ont préparé, que dix ans de méditations de magistrat ont rectifié et mûri.

Je me figure que Montesquieu, avec son abord froid,
sa nature distraite, son regard perçant et observateur
ne devait pas toujours plaire. Qu'importe à la postérité,
et d'ailleurs croit-on que le bruit public, que l'opinion
de la majorité résonne toujours juste ! L'essentiel, c'est
que cet homme éminent nous ait laissé trois ouvrages
de premier ordre, dont la lecture reste à perpétuité
agréable et utile : j'abandonne volontiers son chef, son
premier président, son chancelier, ce chef fût-il devenu
comte, comme le général Reynier dans sa métamor-
phose, célébrée par Courier écrivant à M. Akerblad [2],
parce que ce chef n'est pour moi qu'un facteur, qu'un
élément insignifiant, et je me cramponne avant tout à
sa personnalité intéressante. Montesquieu a-t-il d'ailleurs jamais eu un chef? Indépendant par sa fortune
privée, plus indépendant par ses goûts, fier même

---

[1] *Prolem sine matre creatam*, telle est son épigraphe. Rapprocher
de cette épigraphe la pensée suivante de Montesquieu : « Le talent est
un don que Dieu nous fait en secret et que nous révélons sans le savoir. »

[2] De Milan le 14 octobre, et de Florence le 5 décembre 1809.

envers les ministres[1], et ne le laissant jamais prendre
de trop haut à personne, il passa au milieu de sa génération tel que la nature l'avait fait, tel qu'il se fit lui-
même. Cela vaut bien la routine d'agir comme tout le
monde, c'est-à-dire de se faire un masque reflétant les
usages moutonniers de sa maussade époque, et, si je
dis maussade, c'est qu'il devait la trouver telle, tout
en sacrifiant quelquefois à ses habitudes, voire même à
ses vices.

Je rencontre en cet auteur des artifices de style. Par
exemple, il termine ainsi le chapitre xviii du livre XII
de l'*Esprit des lois* : « Rome était inondée de sang,
quand Lepidus triompha de l'Espagne ; et, par une
absurdité sans exemple, sous peine d'être proscrit, il
ordonna de se réjouir. » Ne dirait-on pas que Montesquieu redoute la proscription lépidienne, tant il a soin
de cacher son mot *absurdité*, en le plaçant de telle sorte
qu'il semble s'appliquer à la punition, c'est-à-dire à la
proscription, peine légère peut-être dans sa pensée,
autant qu'à l'obligation de se réjouir. — Ou bien il
commence ainsi une des *Lettres persanes*[2] : « On dit
que l'homme est un animal sociable. Sur ce pied-là, il
me paraît qu'un Français est plus *homme* qu'un autre ;
c'est l'*homme* par excellence, car il semble être fait uniquement pour la société. » Ici, l'artifice consiste dans la
répétition du mot homme, car l'auteur a beau éviter le
mot *animal*, accolé comme épithète au nom de Français, le lecteur se trouve invité, par la rédaction même
de la phrase, à faire lui-même ce rapprochement. —
Enfin, dans les *Considérations sur les causes de la gran-*

---

[1] Quand il s'agit, par exemple, de sa nomination à l'Académie.

[2] La 87e.

deur et de la décadence des Romains, il a écrit[1] : « La seconde guerre punique est si fameuse que tout le monde *la* sait. » Et l'on pourrait discuter l'exactitude du texte, car *le* sait serait une variante tout aussi bonne, le public sachant évidemment mieux, et en bloc, que cette guerre est célèbre, qu'il n'en connaît les péripéties et les détails ; ici, je crois que Montesquieu a voulu laisser planer un doute sur sa pensée même, c'est encore ce que j'appelle un artifice de style.

Outre certains artifices de style pareils à ceux que nous venons de citer, Montesquieu renferme des obscurités. Il présente, par exemple, cette réflexion[2] : « Par la nature des choses, deux cents gardes peuvent mettre la vie d'un prince en sûreté, et non pas quatre-vingt mille. » Cela signifie que des gardes du corps dévoués valent mieux qu'une forte armée pour couvrir la personne du prince contre un attentat.

Mais en d'autres pages, quelle admirable netteté ! Ne dit-il pas, en la même page que précédemment : « La *douceur* est la première vertu des princes. » J'aimerais mieux le terme *clémence* ; mais l'idée est à la fois vive, juste et claire. On en rencontre beaucoup de cette sorte chez Montesquieu, plus peut-être en ses œuvres d'une certaine haleine, c'est-à-dire en des pages mûries et développées, qu'en ses *Pensées*, opinions brièvement exprimées, dont nous avons parlé en une note[3] de notre chapitre II, au sujet de la tendance de cet écrivain à recevoir le moins de services possibles, c'est-à-dire à ne pas se laisser aider, par conséquent à méconnaître la véritable amitié.

[1] Chap. IV.
[2] *Grandeur et décadence*, ch. XVI.
[3] Note 3 de la p. 50 ci-dessus.

Voici quelques exemples des idées vives et lumineuses de Montesquieu :

« Un homme à qui il manque un talent se dédommage en le méprisant : il ôte cet obstacle qu'il rencontrait entre le vrai mérite et lui, et par là se trouve au niveau de celui dont il redoute les travaux[1]. » — « Ce n'est pas ordinairement la perte réelle que l'on fait dans une bataille qui est funeste à un Etat, mais la perte imaginaire et le découragement. » Frédéric le Grand approuvait cette pensée[2].

Puis, dans ses lettres habituelles[3] :

« Que dites-vous des Anglais ? Voyez comme ils couvrent toutes les mers. *C'est une grande baleine*[4]. » — « Depuis la paix, mon vin fait encore plus de fortune en Angleterre qu'en a fait mon livre[5]. »

Plusieurs de ses *Pensées diverses* sont des satires : « Je disais à un homme : — Fi donc ! vous avez les sentiments aussi bas qu'un homme de qualité. » Sentence qui sent assez son *révolutionnaire* et justifie l'application faite en notre préface de cette épithète à Montesquieu !

[1] 145e des *Lettres persanes*.

[2] On possède de lui des annotations sur les *Causes de la grandeur et de la décadence des Romains* qui n'ont encore été citées que par extraits.

[3] Montesquieu dictait ses missives. En voici une preuve : « On m'avertit que mon papier finit, » dit-il à la fin de sa lettre de juin 1745 à monseigneur Cerati.

[4] Lettre à l'abbé Niccolini, 6 mars 1740.

[5] Au grand prieur Solar, octobre 1750. — Cet éloge de son vin prend une forme singulière ; mais, comme réclame commerciale, c'est bien trouvé.

CHAPITRE VII

DÉTAILS BIOGRAPHIQUES ET CARACTÈRE

Dans un article récent du *Journal des Savants*[1], M. Caro émet ce jugement sur Montesquieu : « Avec les femmes, il aimait fort l'*amusement*[2], sans s'interdire le reste. » Tout est là, et on a raison de le confesser ; sa vie admit certains côtés pratiques, et ce grave penseur s'abaissa jusqu'à l'amour, tout comme un simple mortel.

Il eut aussi d'autres faiblesses ; nous le verrons en ce chapitre, mais sans que pour cela sa statue ne cesse de se tenir droite et honorée sur son piédestal.

Sa biographie peut se résumer ainsi : né en janvier 1689, fils aîné de M. et de Mme de Secondat, tenu sur les fonts de baptême par un mendiant, afin de lui rappeler que les pauvres *devaient être ses frères* ; parrain lui-même de son plus jeune frère, qui devint abbé ;

[1] Juillet 1878, p. 429.

[2] Le mot est de Montesquieu lui-même ; V. l'*Esprit des lois*, XVI, xi *Amusement* ici veut dire *société, conversation*.

connu en sa jeunesse sous le nom de La Brède, d'après
le domaine qui devait lui revenir; élève pendant onze
ans des Oratoriens de Juilly, puis attaché à l'étude du
droit; aimable dès lors avec les femmes; privé de son
père dès novembre 1713; conseiller laïc au Parlement
de Guyenne à ses vingt-cinq ans, c'est-à-dire peu de
mois après ce grand deuil; marié à la fin d'avril 1715
avec une jeune personne assez riche, peu jolie, appartenant à la religion protestante; président à mortier
au Parlement de Guyenne en 1716, en remplacement
de son oncle, le baron de Montesquieu, dont il prend
dès lors le nom et le titre; démissionnaire de sa charge
douze ans après, à l'âge de trente-neuf ans, et se dé-
vouant dès lors à ses études, à des voyages, à la vie
de propriétaire, plus qu'à sa famille et surtout à sa
femme.

Il s'était occupé de sciences pendant sa jeunesse,
comme membre de l'Académie de Bordeaux, sur
laquelle ses travaux projetèrent quelque éclat; son style,
ses pensées gardèrent toujours des traces marquées de
ses premières occupations. Plus d'une définition de
l'*Esprit des lois* reflète un auteur familier avec les ma-
thématiques et l'histoire naturelle. Ainsi, les mouvements des corps se règlent suivant les rapports de la
masse et de la vitesse; ainsi, il existait des rayons égaux
avant qu'on eût tracé un cercle, de même que le juste
existait avant qu'il y eût des lois positives[1].

Montesquieu procédait par extraits; il en a fait de
volumineux : à tant lire, sa vue s'usa; pourtant il
employait un lecteur, et sa fille servait de doublure à
cet auxiliaire.

---

[1] 7ᵉ et 8ᵉ alinéas du 1ᵉʳ chap. du livre Iᵉʳ de l'*Esprit des lois*.

Comme traits de caractère du grand écrivain, nous signalerons sa crainte de se compromettre, son économie, son habileté de démarches, fort remarquable chez un homme distrait.

En quittant Venise, d'où il emportait beaucoup de notes, il voit la gondole qui le porte poursuivie par des gondoles suspectes; le mirage d'une perquisition le saisit et l'effraye au point de lui faire tout jeter à l'eau. Faiblesse assurément peu digne d'une âme indépendante, et promptitude regrettable, car il eût pu passer sans être atteint, inquiété surtout, par la police vénitienne. Si son compagnon, Chesterfield, lui joua cette fois le tour de l'intimider, il n'est certes pas excusable, et ce trait n'honore ni l'un ni l'autre de ces esprits distingués.

L'économie de Montesquieu lui a été reprochée. A ce sujet, je n'articulerai pas qu'il refusa de payer les droits de *daterie* pour une dispense de faire maigre que lui envoyait Benoît III, car un pareil refus cache de l'ironie. Je n'insisterai pas davantage sur ce qu'il regrettait d'avoir trop dépensé dans ses voyages, car c'est l'impression de la plupart des voyageurs. Je rappellerai plutôt qu'il administrait ses biens avec une exactitude assez rare chez les hommes adonnés aux travaux de l'esprit, et dont il se faisait gloire, si nous en croyons le portrait qu'il a tracé de lui-même dans ses *Pensées*. Ce désir de réussir dans l'administration de ses terres, dans la culture de ses vignes, cette persistance à se faire dégrever d'impôts seraient fort prosaïques sans le bien que cela lui permettait de faire, par exemple celui de venir au secours de ses vassaux affamés par une large distribution de blés, ou celui de délivrer le père d'un batelier de Marseille enlevé par les pirates et pri-

sonnier à Tetouan[1]. D'ailleurs, il pratiquait avant tout
l'économie vis-à-vis de sa personne, étant modeste dans
ses habillements, et probablement peu généreux envers
ses maîtresses, car on ne découvre à ce sujet aucune
prodigalité.

Son habileté en démarches est marquée ; il prit son
fauteuil à l'Académie française presque d'assaut, tout
au moins par un siège en règle, et en utilisant le con-
cours des femmes qui l'avaient déjà favorablement
traité[2]. Je ne le loue ni ne le blâme d'avoir si bien
mené cette campagne, me bornant à la neutralité dans
ma constatation de biographe. Peut-être eût-il été plus
digne, pour un pareil talent, de ne pas forcer son élection? car les gens aussi heureux dans ces sortes de
négociations excitent une certaine répulsion instinctive
aux esprits fiers, quelque peu sauvages, parfois jaloux.
Son dernier éditeur, M. Edouard Laboulaye, a dû s'en
apercevoir plus d'une fois dans sa carrière.

Peu d'écrivains se sont aussi galamment défendus du
démon qui les poussait à écrire : « J'ai la maladie,
disait-il, de faire des livres, et d'en être honteux quand
je les ai faits[3]. » Cette pensée est très-vraie ; il n'est
pas le seul qui puisse en réclamer la paternité, mais il
a eu la sincérité de l'exprimer. Que de fois, en effet,
on éprouve de la honte d'avoir aussi mal fait ses
enfants ! Mais si Montesquieu ressent ce sentiment avec
vivacité[4], que sera-ce de nous autres, si pauvres

---

[1] Cette bonne action lui coûta 7,500 francs.

[2] *Histoire de Montesquieu*, par M. Viau, p. 80.

[3] Voir ses *Pensées*.

[4] Il s'accuse également de n'avoir jamais rien compris à la procédure,
dont il voyait le talent *à des bêtes*. Reportez-vous à son *Portrait* par
lui-même.

comme portée d'esprit, en comparaison de cet homme célèbre.

Montesquieu défendait ses amis. On le voit bien dans sa lettre du 15 décembre 1754 à l'abbé de Guasco : « Je suis bien étonné, mon cher ami, du procédé de la Geoffrin : je ne m'attendais pas à ce trait malhonnête de sa part contre un ennemi que j'estime, que je chéris, et dont elle me doit la connaissance. Je me reproche de ne vous avoir pas prévenu de ne plus aller chez elle. Où est l'hospitalité ? où est la morale ? » Il s'agit de Mme Geoffrin, qui tenait un bureau d'esprit, Montesquieu disait *une boutique*[1], et sous ce rapport était la faible copie de Mme Doublet, chez laquelle vivait Bachaumont, et dans le salon de laquelle se fabriquèrent les intéressants *Mémoires secrets* de ce dernier. Il paraît que cette dame Geoffrin prenait fort placidement les attaques de Montesquieu, dont le lieutenant de police avait la gracieuseté de la prévenir, refusant de rien lire et assurant qu'elle se préoccupait uniquement des choses *où son argent* (elle disposait d'un gros revenu) *pouvait intervenir* : je crois qu'elle préférait son repos avant tout, et en effet c'est bien le raisonnement d'une sensualiste.

Il eut des ennemis, par exemple le Père Tournemine[2], directeur du *Journal de Trévoux*, auteur de *Réflexions sur l'athéisme*, pris aussi à partie par Voltaire. Sa vengeance au sujet de ce journaliste était d'une fine raillerie ; dès qu'on le citait devant lui, il s'écriait : « Qu'est-ce que le Père Tournemine ? Je n'en ai jamais entendu parler. » Aujourd'hui, devenu plus prosaïque, on irait

---

[1] M. Guizot ne pouvait supporter ce mot quand on l'appliquait à son mode de gouvernement.

[2] V. la lettre de Montesquieu à l'abbé de Guasco, 5 décembre 1750.

plus loin que Montesquieu, on ne répéterait même pas le nom de son adversaire, de peur de lui faire une réputation en rendant son nom célèbre; la conspiration du silence l'emporterait sur l'attrait d'un bon mot.

Enfin, Montesquieu était-il gourmand? J'en doute par l'ensemble de sa vie, et quoique ce soit un plaisir tranquille, convenant à sa placidité, quoique aussi il ait dit, au § *Délicatesse* de son *Essai sur le Goût* : « Polixène et Apicius portaient à la table bien des sensations inconnues *à nous autres, mangeurs vulgaires*[1]. » Ces sensations, nous les connaissons au XIXe siècle; Brillat-Savarin les a détaillées pour tous avec une douce et perspicace philosophie.

Toujours est-il que notre auteur attribuait le bonheur à *une certaine disposition d'organes favorable ou défavorable*[2], en d'autres termes à la santé; c'est bien le même homme qui plaçait l'origine de nos passions dans le climat, en un mot un homme qui croit à l'influence du Midi, un Gascon, cela soit dit à titre de renseignement plus qu'en trait final.

[1] *Vulgaire* me paraît bien modeste de sa part; évidemment c'est une confabulation.

[2] Lisez de lui un morceau inédit sur le bonheur dans l'*Histoire de Montesquieu*, par M. Vian, p. 97.

III. FERRARI

INTRODUCTION

On a souvent remarqué combien les sociétés humaines offraient peu de stabilité, on a compté chez elles d'innombrables révolutions. Voici venir un écrivain moins consolant encore : à son dire, sinon une révolution, tout au moins un changement politique s'opère tous les cinq ans; et, de fait, c'est la durée d'une présidence dans les républiques et d'une législature dans les royautés constitutionnelles. Il ne prétend pas précisément que ces changements soient profitables, qu'ils évitent des catastrophes et fassent ainsi office de paratonnerres; mais il se prononce en réalité pour un équivalent, en constatant que les monarques qui ont tenu longtemps le sceptre ont souvent dû ce bonheur à un brusque rebroussement dans leur manière de voir, d'agir, disons mieux : dans leur système de gouvernement.

Le mot *bonheur* lui appartient certes ; en effet, régner longtemps, voilà le meilleur sort, semble-t-il dire, et, à son sens, il faut tendre là. C'est, on le voit assez, la fatalité du fait; il ne cache pas qu'il s'abrite derrière la brutalité du chiffre, *derrière l'apparence*, préciserons-nous, afin de mieux faire comprendre sa pensée. Pour lui, du moins dans ce travail, les qualités morales restent assez à l'écart; et même le repos, la fainéantise peuvent devenir des éléments de longévité; or, cette longévité dans les fonctions, je le répète, voilà le but suprême; il semble même qu'en l'atteignant on n'a plus à s'occuper si le fonctionnaire mène une vie remplie d'intérêt, si même l'administré profite à ce résultat.

Des chiffres qu'il récolte et rapproche avec art, auxquels il donne certaines combinaisons qui lui plaisent et sont pour lui familières, M. Ferrari déduit des lois; cette déduction, sous sa plume, prend des couleurs séduisantes, devient instructive, fournit ample matière à réflexion.

La véritable loi qu'il proclame, en définitive, *est celle du changement;* en ce monde variable, qui ne change pas, pâlit, s'atrophie, meurt, il faut s'adonner aux mutations, les prévoir même, les exécuter plutôt que de les subir. Cela est vrai en politique, à la Bourse, en amour et même, pour certaines personnes, en morale.

Etudions les divers points de vue de M. Ferrari, d'autant plus qu'il choisit presque toujours pour exemple la France, dont il possède à merveille, et dans ses moindres détails, l'histoire et la vie, c'est-à-dire le passé et le présent.

L'ÉCRIVAIN

Afin de mieux éclairer notre étude, commençons par des renseignements biographiques.

Joseph Ferrari naquit à Milan le 7 mars 1811 ; son père était médecin et lui laissa une aisance (*una modesta fortuna*, dit M. Cantoni), grâce à laquelle il put suivre ses goûts. De l'auteur de ses jours, qu'il eut le malheur de perdre jeune, il conserva toujours le plus vif et le plus affectueux souvenir, et se montra des plus tendre pour sa mère, qui vécut encore de longues années.

Dès son enfance, ce favori de la Fortune se sentit sceptique et fréquenta seul les sentiers du doute, en dissimulant vis-à-vis de ses éducateurs. Doué d'une extrême facilité, il se fit bientôt (1832) couronner à Pavie pour ses études de droit, en même temps qu'il s'adonnait à la musique et jouait de la harpe. Il travailla ensuite dans le cabinet de l'avocat Gerardi, de Milan, afin de se façonner à la pratique des affaires, puis pensa se vouer à la magistrature. La philosophie

l'emporta chez ce robuste et fervent travailleur, qui se
fit le disciple de Romagnési. Après la publication de
divers articles dans des *Revues* italiennes[1], dont plusieurs firent grand bruit et divulguèrent à tous la
vigueur de son esprit, l'audace de sa pensée[2]; se sen-
tant pris d'enthousiasme pour la France, avide de s'y
faire un nom, il se rendit à Paris. On était en 1837.
Deux ans après, il publiait, dans cette capitale, une
importante composition : *Vico et l'Italie*, livre dont
l'idée-mère repose sur ce que Vico est le seul des anciens philosophes italiens à faire revivre, parce qu'il fut
un anachronisme pour son temps et qu'il appartient à
notre siècle pour ses opinions, à modifier seulement
fort peu d'après les révélations philosophiques du
XVIIIe siècle. Nommé professeur de philosophie au col-
lège de Rochefort (1840), il eut promptement contre
lui les esprits religieux de la contrée, circonstance qui
le fit transférer à la Faculté de Strasbourg[3]; dans cette
nouvelle résidence, ses idées produisirent le même
effet; après dix-huit leçons, il fut destitué par le ministre Villemain, malgré l'opposition de Victor Cousin.
Sans doute, il se laissait entraîner au-delà des limites
que l'autorité universitaire de cette époque pouvait
tolérer vis-à-vis des auditeurs encore cantonnés dans
l'instruction des Facultés, plus large pourtant que celle

---

[1] *Annales universelles de statistique*, Bibliothèque italienne, etc.

[2] *Commemorazione di Ferrari*, par M. Cantoni, in-8, Milan, 1878, p. 10.

[3] Ferrari était docteur ès lettres de la Faculté de Paris (1840); — il
avait soutenu, pour le doctorat, deux thèses : l'une en latin *De religiosis
Campanellæ opinionibus*, l'autre en français *De l'erreur*); licencié
ès sciences physiques de la Faculté de Bordeaux (1841), agrégé de philosophie (1843), etc. Il fut depuis associé à l'Institut lombard, à l'Institut
d'Alexandrie (Égypte), au *Fisiocratici* de Sienne, aux *Lincei* de
Rome, etc.

des établissements d'instruction secondaire. Afin de se disculper, il mit au jour quatre de ses leçons, les principales ; mais cela, loin de calmer les attaques contre lui, les raviva. Toujours est-il qu'il opposa, aux virulentes diatribes dont il fut atteint, le témoignage de quinze de ses auditeurs *certifiant qu'il n'avait pas émis les doctrines à lui prêtées.*

Nous sommes loin de ces temps ; en supposant que Ferrari eût su conserver la prudence nécessaire en public, le développement ultérieur de sa carrière scientifique le démontre opposé en effet aux idées catholiques, et explique comment les représentants desdites idées s'insurgeaient contre son enseignement.

Lors de l'explosion révolutionnaire de 1848, notre écrivain se trouvait déjà Parisien, et en partie Français ; de plus, il était particulièrement connu du délégué au ministère de l'intérieur, M. Andryane, ancien compagnon de captivité de Silvio Pellico, et auteur d'intéressants mémoires sur son long emprisonnement ; il fut rétabli dans sa chaire de Strasbourg, puis obtint un poste semblable à Bourges, où il subit des attaques pareilles aux précédentes. Au coup d'Etat de décembre 1851, il se retira de ses fonctions, et bientôt fit paraître son factum : *L'Italia dopo il colpo di stato.* En cet opuscule, il recommande de transformer l'Italie *pontificale,* et déjà, prétend-il, *inféodée* à Louis-Napoléon, de la transformer en une fédération d'Etats républicains, idée qui semblerait avoir laissé quelque trace dans l'esprit de l'empereur des Français, puisque ce dernier, après Solferino, prit également pour programme une Italie *fédérée.* On voit par cette mention que Ferrari ne se montrait pas alors partisan exclusif et quand même de l'unité italienne, ou du moins ne voulait pas cette unité comme aux Etats-Unis et en Suisse, car, dans sa prévision, la fédération qu'il propose n'a point pour but d'attenter à l'unité nationale. Peut-être même rêvait-il une fédération pareille pour la France, qu'il désirait certes voir se constituer en république [1], surtout après les désastres de cette puissance pendant la guerre de 1870-1871. Et ici disons-le, les Italiens, quoique constitués encore en monarchie, sont en théorie plus républicains que les Français, et beaucoup d'entre eux voient dans le système fédératif une manière d'éducateur politique [2], en ce sens que douze ou quinze corps législatifs à petite échelle habituent à la vie publique.

Ferrari, qui avait connu Proudhon, et dont il existe une curieuse correspondance avec ce célèbre et fantasque publiciste, reste comme celui-ci un penseur isolé, car je ne vois pas qu'il ait fait beaucoup de prosélytes parmi les foules éclairées, sa popularité ayant été tardive et ne datant guère que de sa présence dans le Parlement italien ; encore le philosophe de la révolution, l'apôtre de la libre-pensée, le vaillant champion du principe fédéral (il était tout cela) ne parvint-il pas toujours à convaincre ses collègues de la Chambre basse.

Lors des journées de Milan, en 1848, notre auteur

[1] Reportez-vous à la p. 26 d'un livre bien fait, entièrement rédigé dans un sens républicain : *Giuseppe Ferrari, suoi tempi e le sue opere*, par M. A. Mazzoleni, in-18, Milan, 1877, tipographia editrice italiana. Une biographie plus abrégée de Ferrari, due au même auteur, avait paru dès 1876, chez Edoardo Sonzogno, l'éditeur du journal *Il Secolo* de Milan et d'un grand nombre de publications littéraires et musicales. M. Mazzoleni dédie son travail à l'Italie et à la France, dans l'espoir que le *Césarisme* et le *Papisme* y sont à jamais détruits (*sporti?*)

[2] Nous aurons longtemps encore de la peine en France à faire comprendre ces idées, et il faut espérer, pour l'unité française, qu'elles n'y seront jamais adoptées, même transitoirement.

revint en Lombardie ; mais, promptement désenchanté
de la tournure des événements, il reprit volontairement
le chemin de ce qu'il appelait, ou plutôt de ce qu'on
appelle dans ses biographies *le chemin de l'exil*. Là, il
demeura étranger à tout mouvement italien, jusqu'au
moment où tonna le canon de Magenta et de Solferino.

Alors, il rallia le sol de sa patrie, et se fit professeur
libre à Turin, à Milan, à Rome. Élu député à cette
époque, orateur rompu aux difficultés, ne se laissant
distraire par aucun des bruits et des remuements habi-
tuels des assemblées publiques, il prononça des discours importants dans les questions bruyantes, notam-
ment contre le titre de roi *premier* ou *deuxième* pour
Victor-Emmanuel, contre l'annexion inconvenable des
Deux-Siciles, sur le transfèrement de la capitale de
Turin à Florence, plus tard sur l'acceptation du plé-
biscite relatif à la fixation du gouvernement à Rome.

Ses amis de la gauche, en arrivant au pouvoir, le
nommèrent sénateur peu de temps avant sa mort.

En tout et constamment, il fut hostile à la papauté,
et combattit la formule : *l'Église libre dans l'État libre*,
proclamée en France par Montalembert et adoptée en
Piémont par Cavour. En sa dernière année, il parlait
encore à Rome, sous les voûtes de la *Sapienza*, comme
conférencier, afin de démasquer ce que M. Mazzoleni
appelle *l'hypocrisie sacerdotale*.

Il se montrait contraire à toute conspiration occulte
et se déclarait déjà chaud partisan de l'alliance française, alors que cette idée rencontrait un faible accueil
dans la Péninsule : les événements, en ceci, donnèrent
raison au philosophe.

C'était un homme de haute stature, à l'aspect dis-

tingué, au corps souple et agile, à la tournure élégante
mais sans affectation. Il causait volontiers ; malgré la
supériorité de son esprit, il ne s'imposait pas, ce qui
dénote à la fois, chez ce grand écrivain, un cœur élevé
et du caractère. Il s'imposait si peu que lui, le libre-
penseur, aimait, par contraste sans doute, à causer
avec les dévotes.

Joseph Ferrari quitta ce monde le 2 juillet 1876, âgé
de soixante-cinq ans accomplis ; M. Mazzoleni, son ami
et l'un de ses biographes, prononça, le jour du premier
anniversaire de ce regrettable événement, un discours
commémoratif dans le salon des jardins publics, en la
cité de Milan, où cet auteur avait vu le jour. Depuis,
son successeur à l'Institut lombard, M. Carlo Cantoni,
a lu devant cette Académie une *Commemorazione* remarquable qui vient d'être publiée.

Nous citerons de lui une recommandation pleine
d'une honorable simplicité : « Ne parlez pas sur ma
tombe plus de dix minutes, disait-il en novembre 1874,
pendant une indisposition, aux amis qui l'entouraient,
car je serais capable de revenir sur terre pour pro-
tester. »

L'ARITHMÉTIQUE DANS L'HISTOIRE

Les phénomènes sociaux sont nombreux, observe l'auteur. La richesse dépend du travail, mais un trop grand accroissement de population peut devenir nuisible, même si la quantité de travail produit augmente. Les guerres, les révolutions menacent également les hommes, et il faut y joindre aujourd'hui les crises industrielles. Une année, la terre peut être moins fertile, la mer plus indomptable. Puis viennent les passions humaines et les incidents de toutes sortes.

On reconnaît aujourd'hui que l'histoire doit tenir compte et traiter de tout cela. M. Ferrari se propose, à son tour, d'extraire de l'histoire, comme on la composait jadis, puis de comparer entre eux des chiffres qui rendront la marche de l'humanité plus sensible et rétabliront par une loi hypothétique facile à dresser une espèce de régularité au milieu du fatras des faits.

Je sais combien on abuse de la statistique et que les chiffres se peuvent grouper de ci, de là, mais cet usage vaut mieux encore que l'emploi des sciences occultes.

L'auteur propose dès son début de *détacher la géné-ration pensante de la génération matérielle*; voyons ce qu'il entend par là. Pour lui, agir, remuer, manger, dormir constituent la vie matérielle; les travaux, surtout ceux de l'intelligence, forment la vie pensante. Cette dernière est à la première comme 3 est à 7; par exemple en France, sur 35 millions d'habitants [1], la généra-tion pensante en contient 15. On appartient à celle-ci seulement à partir de trente-trois ans, sur une exis-tence dont le maximum habituel ne dépasse pas soixante-quatre ans, quoique parmi la génération pen-sante les morts précoces se présentent rarement; cela revient à dire que cette génération dure trente et un ans.

M. Ferrari adopte ce nombre de trente et un ans comme *le nombre générateur de l'arithmétique histo-rique*. Il rapporte ensuite une nation à un nombre déterminé de générations (47 pour l'Italie par exem-ple), puis examine comment s'opère la *mutabilité des opinions* parmi les trente et un ans de la génération pensante, mutabilité qui constitue un symptôme des révolutions latentes. Il est vrai que le passage d'un gouvernement à un autre, en les supposant chacun, comme c'est l'ordinaire, avec un moment de prospé-rité, c'est-à-dire d'unanimité en sa faveur, il est vrai, disons-nous, que ce passage s'opère successivement, que le premier gouvernement s'installe, conquiert des voix, s'assied bien, puis perd des voix et arrive à la décadence, en sorte que le deuxième gouvernement, celui qui lui succède, se trouve déjà indiqué, et presque formé, avant sa propre naissance. Ici je vois poindre

---

[1] Aujourd'hui, en 1878, *trente-sept* millions.

un peu d'exclusivisme, puisque l'auteur ne semble pas
admettre qu'un deuxième gouvernement puisse continuer le premier, et le suppose dans des idées, dans
des voies différentes; en temps de révolution peut-
être, mais alors l'humanité se trouve constamment
plongée dans l'état révolutionnaire; nous arrivons
logiquement à cette conclusion, et n'en doutez pas,
c'est l'opinion sinon exprimée formellement, au moins
tacite de M. Joseph Ferrari.

Ce n'est pas l'unique objection à formuler. La machine électorale peut subir des retards, des usures
même. Il y a d'ailleurs les invasions, tous les cas de
force majeure, et, reconnaissons-le, chaque aggrava-
tion de misère se reproche au gouvernement et augmente les suffrages accordés à l'opposition. En sorte
que le *desideratum*, ce sont des jours fortunés qui viennent en aide à tous et j'ajouterai, si le gouvernement
le peut, qu'il réduise le nombre des électeurs, il y
gagnera toujours, et le peuple y perdra peu, voilà ce
que l'auteur ne dit pas. En effet M. Ferrari admet que
la votation se fasse en toute sincérité, sans influence
d'aucune espèce, pour lui les braillards n'existent pas.

Où il excelle, c'est quand il défend la phase ascendante et la phase descendante; il analyse et décom-
pose ces deux phases. Mais pour lui tout pouvoir
comme tout individu porte en lui le germe de sa
chute : caractère propre à ce qui est humain. En outre,
souvent la chute est préparée, presque effectuée, que
le pouvoir, sur le point de déchoir, vit et gouverne
encore; exemple Cromwell, le protecteur d'Angleterre. Dans ce dernier cas, en dépit des votes nés des
influences et procurant au gouvernant tant de jours
de durée, il se produit une convention tacite et il est

respecté jusqu'à sa mort; alors son entourage se tait,
il se fait illusion, et disparaît de la scène en croyant
laisser à son héritier une succession assurée et tranquille.

Nous voici au *lustre politique*, c'est-à-dire à l'intervalle de cinq ans. C'est le terme habituel, quoiqu'il y
en ait eu de plus court, parfois d'un an. Dans ce laps
de cinq ans, admet M. Ferrari, le mouvement de la
génération devient visible. Citons les termes dans
lesquels il établit ce théorème emprunté à la vie
humaine. « Lors de notre première apparition, dit-il,
nous sommes réduits aux fonctions animales; à cinq
ans pointe la raison; à dix l'adolescence; à quinze on
cherche à gagner sa vie, on choisit un métier, on
amorce les travaux sérieux; à vingt vient l'amour; à
vingt-cinq le mariage; à trente le père voit la raison
surgir dans l'être destiné à le remplacer. Telle est la
limite extrême de la vie, telles sont les dernières années
de la génération matérielle, qui finit de trente à
trente-cinq ans; et puisqu'elle change six fois, elle doit
transmettre ses impulsions diverses. »

Cette transmission s'opère par la génération pensante, destinée, assure l'auteur « à protéger, *à diriger*,
à gouverner la masse du peuple ». Il y avait sans doute
des réserves à présenter sur cette opinion, car l'ancienne théorie des *classes dirigeantes* semble fort
atteinte aujourd'hui par les passions qui se font jour
sous l'exercice du suffrage universel, et les caprices qui
peuvent en sortir. Admettons pourtant le point de vue
de M. Ferrari, surtout quand il insiste sur ce que de
trente à soixante ans, pendant la vie *pensante*, la
vigueur physique subit des altérations, mais que la
pensée domine *en variant*, comme intérêts ou respon-

sabilité, à chaque lustre et pour chaque chef de famille,
on pourrait dire pour chaque administration au sein
de laquelle il s'opère en cinq ans, plus d'une modifi-
cation de personnel, et par conséquent d'opinion.

L'auteur admet dans une certaine mesure les fluctua-
tions du suffrage universel, mais avec un contre-poids ;
si, tous les cinq ans, il survient un événement capable
de modifier la force et la marche du gouvernement,
chaque génération conserve ordinairement pour trente
ans la même impulsion ; ainsi en France, de 1789 à
1875, le pays suit la même idée, l'idée révolutionnaire
qu'elle voit déchaînée comme en 1793 ou couronnée
comme en 1805 ; ainsi, dans le même pays, de 1815 à
1848, autre espace d'une trentaine d'années, l'idée
dominante réside dans la monarchie constitutionnelle
dont le deuxième Empire offre encore l'image atté-
nuée. De même en Italie pour la trentaine d'années
qui court de 1848 à 1878, l'idée de la délivrance et de
l'unité persiste, depuis la révolte de la Lombardie
contre l'Autriche en 1848, depuis la coopération à la
guerre de Crimée en 1854, depuis la conquête à l'aide
de la France en 1860, grâce à la Prusse et à la France
en 1866, jusqu'au transfèrement de la capitale à
Florence, puis à Rome en 1870, jusque surtout à
l'alliance intime avec l'empire d'Allemagne, et à la
pression que cette alliance menaçante exerce sur la
France.

Viennent ensuite des calculs sur la durée des règnes,
laquelle descend à trois ans et demi dans les temps les
plus agités, sous les Césars de 180 à 284, à quatre ans
pour les empereurs Chinois de 885 à 960, à quatre ans
et demi pour les papes depuis 877 jusqu'à 1086, et
remonte accidentellement jusqu'à quarante-trois ans

pour l'empereur romain Auguste, à trente et un ans
(en 1877) pour le Saint-Père Pie IX.

Ainsi le lustre invoqué, et pris ici comme base ou
point de départ, se trouve souvent dérangé et l'est bien
autrement encore en France relativement à Louis XIV,
lequel règne soixante-cinq ans, c'est-à-dire durant
treize lustres, et cependant M. Ferrari excelle ici à se
retourner et rencontre assez habilement que ce long
règne se fractionne en treize revirements ou changements de systèmes, ce qui ramène à une durée
moyenne de cinq ans pour chacun des modes de gouvernement suivis par le grand roi. Figurée en tableau,
cette décomposition sera plus saisissante.

LOUIS XIV

1re situation.		Roi à cinq ans en 1643, minorité.
1er revirement	{	En 1648, jouet de la Fronde.
		En 1652, restauré.
2^e	—	En 1659, fait la guerre en personne.
3^e	—	Dès 1661, mort de Mazarin ; gouverne par lui-même.
4^e	—	. . 1668, traité de Aix-la-Chapelle.
5^e	—	. . 1672, passage du Rhin.
6^e	—	. . 1679, traité de Nimègue. Apogée de sa gloire.
7^e	—	. . 1681 à 1685, épouse Mme de Maintenon. Révoque l'édit de Nantes.
8^e	—	. . 1688, guerre générale contre la France.
9^e	—	. . 1692, renonce à faire la guerre en personne [1].

[1] L'auteur considère cette renonciation comme un premier symptôme de
décadence ; il y a, ce me semble, en cette opinion, un côté erroné. Ce n'est
même pas l'âge qui écartait le roi des lieux de combat, car il possédait
des maréchaux de 54 ans comme lui, et se portait bien, les lettres de
Mme de Maintenon à Mme de Caylus, sa nièce, en font foi. Louis XIV

10e revirement . . . . 1697, misère générale ; paix de Ryswick.
11e   —   . . . 1701, accepte la couronne d'Espagne pour
                        son petit-fils.
12e   —   . . . 1706 à 1709, désastres et fermeté.
13e   —   . . . 1710, retour de fortune par la victoire
                        de Denain.
Dernière situation . . 1713, nouveaux symptômes de décadence.

Pour Napoléon Ier notre auteur ne cite que cinq lustres, tous brillants ; il pourrait en formuler autant pour Mahomet. Sa conclusion, c'est que les générations *explosives* ou *réactionnaires* fournissent les exemples les plus probants.

Mahomet et Napoléon Ier n'ont eu ni l'un ni l'autre un règne long. M. Ferrari ne comprend comme règne prolongé que ceux au-delà de 40 ans, et à ce sujet dresse un tableau dont voici les points extrêmes. Outre Louis XIV de France régnant 72 ans, ceux qui règnent encore le plus sont Guillaume d'Ecosse, lequel gouverne, à partir de 1165, durant 69 ans ; Georges III d'Angleterre qui règne 60 ans, Alphonse de Sicile lequel occupe le trône pendant 58 ans ; Brunehaut de France, qui reste reine durant 57 ans ; l'empereur Ou-Héou de Chine qui, à partir de 654, demeure souverain pendant 51 ans, etc.

La théorie de l'auteur réside en un fait : un long règne offre toujours un point de réaction ou de rebroussement dont il reproduit la date dans son tableau, de façon à montrer que le plus rapproché éclate 40 ans après l'avénement du monarque ; sans cela, uniforme, cousu en quelque sorte dans la même peau, il ne pourrait vivre longtemps. Nous l'avons déjà indiqué dans

aima toujours mieux diriger la guerre de son cabinet, en chef d'état-major général, en ministre. Consultez mon mémoire sur les *Talents militaires de Louis XIV.*

la préface ; le changement, d'après son opinion, est la
loi du monde ; autour de nous tout se modifie, rapi-
dement même, chacun de nous ne fait que passer ;
orgueil à part, il faut le reconnaître, et, placé sur ce
piédestal, l'historien-philosophe a raison.

En creusant son sujet, M. Ferrari arrive à dire :
tout événement crée sa législature, c'est-à-dire la fait à
son image, en d'autres termes il existe toujours corré-
lation entre une législature et son époque ; si une législature exécute une révolution, c'est que cette révolution
était dans l'air, peut-être même à l'état d'insurrection, et
qu'elle se met à sa tête ; mais il a soin d'ajouter : « un
événement peut contenir plusieurs législatures. » Comment prouve-t-il son assertion ? Par des faits historiques que sa plume déroule sous les yeux des lecteurs.
Après 1848, il a successivement existé en France deux
Assemblées, mais elles forment une seule et même
législature ; de même l'Italie offre, de 1848 à 1850, une
législature *en quatre temps,* si l'on peut s'exprimer
ainsi, le 1er temps proclamant le Statut, le 2e ouvert
pour faire la guerre, le 3e et le 4e ayant pour but
d'éviter une guerre nouvelle, tantôt avec le vieux système représenté par le comte Balbo, tantôt avec le
nouveau système personnifié dans Ratazzi. De toute
façon, suivant l'auteur, le délai de cinq ans demeure
dans la force des choses et domine les législatures, toujours subordonnées aux événements, car ces derniers
sont les plus forts. Donc M. Ferrari se prononce pour
la fatalité du résultat, et s'avoisine ainsi, non de la
fatalité peut-être, mais au moins du hasard et des
mille incidents dont sortent fréquemment les faits.

L'histoire d'Angleterre surtout le confirme dans
l'idée de suivre en tout les événements, *afin de com-*

prendre le sens des législatures et celui de leurs votes. Il
argue de cette histoire en rappelant que la Grande-
Bretagne est devenue révolutionnaire et changeante à
partir de 1784 seulement, que jusque-là il y avait immobilité chez elle, et que les législatures, par exemple
les cinq premières, de Georges Ier à Georges III, s'étei-
gnaient naturellement, et que l'on passait de l'une à
l'autre sans le moindre accoût. De 1784 à 1867 l'Angleterre s'agite pour se renouveler, après bien des phases, et parvenir à prendre une assiette nouvelle provo-
quée par la révolution anglo-américaine, c'est-à-dire
que cette évolution dure 83 ans. Et quand M. Ferrari
a établi ce point, il s'écrie : « Le nombre plane sur
tout, il scande la vie humaine, il reproduit les pulsa-
tions intellectuelles de la vie civile. »

Après son intervalle de cinq ans, cet écrivain en
adopte un deuxième, celui de quinze ans, ou *quinzaine*
(*il quindicennio politico*), dont il fait le sujet de son
3e chapitre. Si la limite d'un ou deux lustres paraît in-
certaine, il convient d'adopter celle de trois lustres, parce
qu'elle correspond à la moitié de la génération et permet de mieux faire voir *la double échelle des lustres
ascendants et descendants.* Et le voilà cherchant avec
zèle des intervalles historiques se rapprochant de
quinze ans. Il en rencontre un de quinze ans juste dans
l'histoire d'Italie, celui de la Ligue lombarde surgis-
sant avec le rétablissement de Milan, 15 ans après l'avénement de Frédéric Barberousse. Puis comme l'histoire
italienne reste compliquée, il revient à la France. Là il
observe que Napoléon a été promu empereur *quinze
ans* juste après 1789 ; déjà Jeanne d'Arc était apparue
dix-sept ans après les querelles des Bourguignons et
des d'Armagnac. En remontant à l'antiquité classique,

M. Ferrari cite la translation de la capitale de l'Empire à Byzance comme ayant lieu en 328, quinze ans seulement après l'édit de Milan qui avait inauguré le culte chrétien.

Et cette thèse de la quinzaine, au bout de laquelle un gouvernement tombe, amène l'auteur à étudier, puis à comparer les règnes d'après leur plus ou moins de durée. Il considère comme un cas de longévité véritable le règne qui dure 35 ans, parce qu'il dépasse une génération, et, sur un total de 900 rois, il en déduit seulement 137 atteignant ce laps de temps, puis ajoute que plus ceux-ci veulent retarder leur chute lorsqu'elle survient, plus la catastrophe les atteint cruellement, car ils sont alors non-seulement détrônés, mais étranglés [1], assassinés, massacrés [2] ou fous furieux [3]. C'est ce que M. Ferrari appelle *décadence par longévité*; on a trop régné, ou du moins, après des années heureuses, cela tourne mal, sort commun à tous les hommes, mais plus en évidence incontestablement pour les souverains, j'allais dire *plus grave*, comme si notre auteur en faisait un crime à ceux que la Fortune abandonne de la sorte; il n'ose aller jusque-là, et, s'il le faisait, ce ne serait qu'au profit de l'humanité, c'est-à-dire en vue de plaindre les générations qui restent victimes de la faiblesse ou de la folie dont ces princes donnent souvent des preuves terribles et dans leur propre famille [4], ou des inimitiés qu'ils soulèvent et qui amènent leur mort violente.

[1] Exemple : Jean 1er de Naples.

[2] Mahomet IV à Constantinople.

[3] Ivan IV de Moscovie.

[4] Exemple : Abbas 1er, de Perse, qui fit décapiter son fils aîné et aveugler les deux autres.

Parmi les 21 souverains compris dans son tableau relatif aux décadences royales par suite de longévité, M. Ferrari ne cite aucun cas concernant la France, mais il nomme Boleslas Ier de Pologne et deux monarques fameux, l'empereur Charles Quint et son fils Philippe II d'Espagne.

La génération nouvelle, opine-t-il, pardonne seulement aux princes *qui savent opérer à temps une volte-face*, en d'autres termes, prennent le parti de se mettre à la tête d'idées qu'ils avaient précédemment combattues; ici, plusieurs cas se présentent.

Le premier comprend les rois qui se préparent de longue main à opérer cette volte-face, cette transformation; tel fut Henri VIII d'Angleterre lequel, après avoir été opposé à Luther, puis au Pape, rompit avec tous deux et, prenant un terme moyen, accomplit pour son compte une révolution religieuse; tel fut aussi Amédée VIII de Savoie qui se fit, non pas chef d'une nouvelle religion, mais chef de la religion catholique et devint anti-pape.

Le deuxième cas embrasse les souverains qui se gendarment contre les tendances populaires et en renversent le courant; ceux-ci, qu'il déclare *obéir mieux aux instincts de la couronne*, se trouvent en plus grand nombre que les précédents. Louis XIV, à son sens, tient parmi eux le poste d'honneur et se procura un supplément de 31 ans de règne par la révocation de l'édit de Nantes qui le garantit d'une alliance des calvinistes français avec les Anglais et les Allemands. A côté de Louis XIV il met en ligne, à cet égard, en Suède, Charles XI à cause de son acte de 1682, en Angleterre, Georges III qui fait volte-face en 1800, et

François Ier d'Allemagne, lequel modifie son système en 1814.

Comme troisième cas M. Ferrari admet les princes assez inspirés pour abandonner la marche réactionnaire et arborer franchement plus qu'un drapeau nouveau, je veux dire une solution : saint Louis, par exemple, en promulguant avec spontanéité ses *Etablissements*, et aussi Elisabeth d'Angleterre délaissant le despotisme dès la disparition de Marie Stuart.

A son sens il faut déduire des longues dominations celles où le monarque étant proclamé dans son âge tendre, ne règne pas par lui-même et il agit de la sorte, réduisant à 37 le nombre des règnes prolongés. Il divise ensuite ce nombre en deux catégories, 14 souverains médiocres, par exemple Frédéric III d'Allemagne, et 23 grands hommes, savoir : Auguste à Rome, saint Etienne en Hongrie, Gustave Wasa chez les Suédois, Pierre le Grand en Russie, etc. Ordinairement il succède, à l'époque de ces héros, une génération de peu de durée et d'une capacité affaiblie, quoique l'humanité respire souvent à pleins poumons quand elle se trouve débarrassée de leur joug de fer.

Abordons les réflexions suggérées à l'auteur par les règnes courts. La première concerne les réactions : M. Ferrari les croit funestes pour les souverains, autant, souvent plus que les révolutions, parce que, dans le mouvement réactionnaire, ils se trouvent condamnés à des atermoiements, afin de modérer le mouvement, ils cheminent par petits accoûts, n'acceptant les principes que pour en dénaturer les conséquences, et bref, réduits à combattre leurs adversaires *avec les armes de la légalité*, restent exposés à tous les coups, et, pendant qu'ils jouent ainsi avec le feu, tombent foudroyés. Les générations révolutionnaires, ajoute-t-il en insistant, ne sont pas celles qui fournissent le plus de règnes inférieurs au lustre, c'est-à-dire à cinq ans, comme durée; les générations réactionnaires offrent en général le double de règnes très-courts. De même la chute des souverains est moins terrible dans les périodes de révolutions, résultat singulier digne de nos méditations. De même il surgit plus d'explosions dans les monarchies; ainsi pour les règnes de 1 à 15 ans, l'auteur en compte 97 contre 62, tandis que dans les pays libres les explosions ne dépassent pas les deux tiers des règnes brefs.

Le nombre des règnes courts peut d'ailleurs s'augmenter par des circonstances particulières, telles que le voisinage de grandes puissances se modifiant souvent par l'extension; M. Ferrari appelle ces cas des *déviations*, et il en rencontre dans la papauté et parmi les petits tyrans de l'Italie. Il signale également les formes *confuses*, à savoir l'ingérence des Janissaires dans l'élection des sultans. Ces cas bizarres produisent des résultats inattendus; ainsi la Chine change cinq fois de dynastie de 904 à 960, alors que, dans tout le reste de ses 4,000 ans d'existence, elle en compte à peine 22. Ces déviations rentrent-elles dans la règle? l'auteur le prétend; il me semble qu'il suffit de dire qu'elles ne changent pas la moyenne, puisque cette moyenne se calcule en en tenant compte.

M. Ferrari déclare que « la limite de dix-huit ans représente la durée moyenne universelle des règnes ». Il traite d'ailleurs à part de cette moyenne dans son paragraphe 5. Nous y reviendrons avec lui.

Mais ici il faut faire un temps d'arrêt. L'auteur, qui

met ses chiffres en avant avec la brutalité mathématique, ne semble guère se demander si régner peu, mais avec intelligence et grandeur ne vaut pas, pour une âme élevée, le long plaisir de rester souverain pendant beaucoup d'années ; l'auteur se pose enfin cette question : « Quels sont les règnes préférables, les courts ou les longs? » Sans conclure moralement vis-à-vis des monarques ou des peuples, sans chercher à déduire la poursuite du bonheur réalisé ou non de la génération, il se borne à conclure que les royalistes désirent des règnes longs et raille Joseph de Maistre, lequel attribue la longévité des souverains français à l'influence de la religion catholique, car c'est l'inverse qui se produit, la Prusse et le Danemarck, pays hérétiques, offrant, dit-il, de plus longs règnes. « Le même de Maistre, ajoute-t-il, ne s'aperçoit pas que les règnes courts appartiennent à toutes les époques et cadrent avec toutes les civilisations, dans les moments de réactions et dans les situations compliquées. Si nous voulons apprécier le danger souffert ainsi par les nations condamnées à renouveler plusieurs fois le gouvernement, la Cour et les hauts commandements, il convient de revenir au premier principe de la génération pensante. Dans sa perfection mathématique, ce principe exigerait que tout roi restât sur le trône 34 ans et trois mois, ni un jour de plus ni un jour de moins, et ensuite descendît dans la tombe avec ses contemporains pour céder la couronne à son fils. Les deux quinzaines (d'années) de sa virilité et de sa vieillesse représentent les deux impulsions, l'une ascendante, l'autre descendante de son gouvernement; mais peu importe que les princes règnent 34 ans et 3 mois, il faut seulement qu'ils représentent, durant cet intervalle de

temps, la pensée de leurs contemporains, et laissent le
sceptre à qui pense comme eux.

En certains pays il existe une concordance frappante entre la génération dynastique et la génération politique; telles sont l'Angleterre de 879 à 1867, et l'Écosse de 1057 à 1603. En France, de 742 à 1848, l'écart est faible (0,78 0/0); il atteint son maximum (16,16 0/0), dans l'Espagne des Goths.

Pareil accord forme l'avantage offert par la forme républicaine, car la durée éphémère des présidences n'est pas toujours un facteur important; mais là le chef du gouvernement, pris ordinairement parmi les sommités constitutionnelles, se trouve fréquemment en meilleur accord avec la génération politique.

Outre cette remarque, l'auteur va plus loin disant : « Tout concourt à faire concorder les hommes au pouvoir avec les événements. » Puis il prouve cet axiome par saint Louis que la mort de sa mère laisse libre en temps opportun d'effectuer ses réformes. La femme, épouse ou maîtresse, exerce à ce sujet une grande influence sur le souverain; telles furent Bertrade vis-à-vis de Philippe Ier de France, et Mme de Maintenon à l'égard de Louis XIV. Enfin le moindre accident de santé dérange la direction des affaires, en faisant disparaître subitement un pasteur d'hommes, Cromwell par exemple, ou récemment M. Thiers.

Revenons au paragraphe 5, à la durée moyenne des règnes chez les diverses nations. Cette durée atteint 25 ans en Portugal, 15 à Byzance, 8 à Bagdad : « *toute terre a son nombre, toute dynastie sa mesure*, accuse M. Ferrari. » Ici l'auteur ouvre une théorie : un règne se prolonge en raison de la félicité du souverain, et par ce mot de félicité il faut entendre *quiétude*. Moins un monarque éprouve de soucis, moins il se mêle des affaires du pays, plus il vit et règne longtemps : aux paresseux la récompense, telle semble être sa conclusion. N'y a-t-il pas en ceci une certaine dose de parti pris, car Volney affirme en sens opposé, dans ses *Considérations sur la guerre des Turcs*, que c'est l'activité et le tourbillon des affaires qui entretiennent la capacité des sultans, et ce parti pris ne serait-il pas inspiré par une prédilection marquée pour le gouvernement républicain? On pourrait le croire en voyant M. Ferrari insister sur ce que la papauté ne règne jamais aussi longtemps qu'après la suppression de son pouvoir temporel, et aussi sur la satisfaction qu'il ressent à s'écrier : « *Heureux* les rois *fainéants* ou constitutionnels ! » Mais ne nous laissons pas détourner nous-mêmes par un trompe-l'œil. Il y a du vrai dans l'assertion de notre philosophe, non que le *far niente* soit favorable à la santé ; il le sait, est un exemple du contraire et n'avance ce propos que par humeur ; il y a du vrai, disons-nous, parce que les causes qui rendent l'existence et le gouvernement pénibles à un monarque sont en général des embarras réels, tels qu'un empire trop étendu, des races diverses à conduire, en un mot plusieurs États, plusieurs peuples en un seul. Ainsi au temps des révolutions rapides de l'empire romain, les secousses se produisaient telles que la moyenne du règne, d'Auguste à Odoacre, atteint *six ans* à peine, et qu'on ne savait plus quel culte, quelles traditions, quels prêtres, quels chefs on devait honorer ! Chez les empereurs grecs, fort réduits comme puissance, la vie politique se double et atteint *douze ans*, de 476 à 1228 ; de cette dernière année à la chute de Constantinople

(1453), alors que l'étendue de leur domination *s'aperçoit de leur balcon*, il se produit encore un doublement,
et la moyenne du règne s'élève à *vingt-quatre ans*.
Pareil exemple saisit l'imagination. On le retrouve en
Chine, où le rétrécissement du domaine impérial allonge
l'existence des empereurs, et parmi les califes otto-
mans, car ce sont les califes de l'Espagne, les plus réduits comme territoire, qui rejoignent une moyenne
de règne de 25 ans.

Cette loi des grands États se retrouve dans les petites
souverainetés, comtés, marquisats, duchés.

Quand il existe une trop forte concentration, et que
tout tend au despotisme, les situations deviennent ten-
dues, mystérieuses, incertaines, et il en résulte presque
toujours que le despote est trompé et tombe dans
l'erreur ; alors les successions surgissent avec rapidité,
et les générations dynastiques ont plus de brièveté que
les générations politiques. Ici toutefois c'est avant tout
la faute du souverain qui ne sait pas se faire rensei-
gner ; la difficulté d'y réussir dans sa position ne peut
l'empêcher d'aviser à ce sujet.

Après cette observation, l'auteur revient sur les pontifes, ceux de Rome, ceux des évêchés souverains,
puis sécularisés (Utrecht, Liége, Mayence, etc.), ceux
même du Japon ; il relève combien ils vivent longtemps
alors qu'ils n'exercent plus aucun pouvoir temporel.
Cette thèse, qu'il étend à tous les gouvernements déli-
vrés de la pression cléricale, et des minuties ou ter-
reurs qui en sont la suite (il l'exprime formellement)
semble lui complaire : pour lui évidemment, en la
posant, il songe à la destruction du pouvoir temporel
de la papauté, cette grande affaire de l'Italie moderne,
que nous n'avons pas à examiner ici.

Ce paragraphe se termine par un appel à la résignation, car je n'ose, comme M. Ferrari, appeler semblable observation une constatation ; il prétend que l'ère actuelle est, sauf en France, *l'ère d'or* des régnants, car les règnes s'y prolongent, et en outre que les renversements s'y font lentement, amicalement de la part des peuples révoltés, en même temps qu'ils sont acceptés avec philosophie et une certaine bonne humeur par les princes détrônés, ces vaincus de l'esprit du temps. A pareille assertion, qui me paraît moins absolue qu'à lui, c'est le cas, ou jamais, de répondre par le dicton italien : *E sempre bene !*

Il nous reste à étudier un dernier paragraphe. Celui-ci commence par s'occuper de la France. « On sait, dit l'auteur, que le caractère de la nation est religieux, facile à s'exalter, éminemment démocratique par tendances, et monarchique par tradition. J'avertis que je parle d'histoire, c'est-à-dire du passé. Maintenant quand l'impulsion de la civilisation européenne est religieuse et requiert que la France s'abandonne à ses instincts, et obéisse à son impétuosité naturelle, je dirai que ses rois s'éternisent sur le trône ; mais quand on traverse des époques de liberté et d'irréligion, ils doivent attaquer l'Eglise ou suivre les tendances gibelines et parlementaires de l'Angleterre et de l'Allemagne, alors ils mènent une vie courte et malheureuse. » Puis, dates en main, M. Ferrari s'attache à prouver que les règnes français s'abrègent lorsque la nation *marche au rebours de son génie.* L'exemple de l'Angleterre confirme cette règle, et pontifes, évêques ou abbés mitrés n'échappent pas à la loi générale.

Quant à l'Italie, elle a pu se trouver un instant en

retard, mais la voici de nouveau en mouvement, et
dans la mesure des nombres, avec l'apparition de son
premier ministère de gauche. Le cauchemar de la
religion d'Etat s'y trouve dorénavant évanoui (c'est
l'auteur qui parle), la minorité parlementaire devenue
majorité ferme le compte du passé, et bientôt appa-
raîtra en Italie la première génération politique paci-
fiquement inaugurée avec ses forces propres. Telle est
en réalité le point où M. Ferrari voulait en venir;
c'est un homme convaincu, et si problématique que
nous apparaisse sa prédiction, au sujet de la marche
future prochaine des affaires de sa patrie, il ne croit
pas se faire illusion.

L'*Arithmétique dans l'histoire* groupe, résume les
précédents travaux de l'auteur. Il avait déjà étudié les
révolutions et leur théorie avec Machiavel (1849) et avec
lui-même [1], il s'était de nouveau occupé des mouvements populaires dans sa *Storia della Ragione di stato*
(1860), les bouleversements de la Chine se trouvaient
compris dans son livre *La Chine et l'Europe* (1867), et
ceux de la péninsule italienne dans son *récit des révolutions d'Italie*, dont il élève le nombre à *sept mille*. En
outre la philosophie de l'histoire devenait sienne, dès
ses écrits sur *Vico* et sa *Scienza nuova* (1835 et 1839)
parce que là se trouve déposé le rudiment de cette
philosophie [2], sinon dans ses plénitudes au moins par
ses origines *philologiques* [3]. Il s'était mesuré avec les

[1] La Révolution et les révolutionnaires en Italie (1844); la Révolution
et la réforme en Italie (1848); Filosofia della rivoluzione (1854), etc.

[2] Vico compte parmi les philosophes religieux; est-il vrai qu'il ait
inspiré l'école positiviste moderne ?

[3] La philologie s'exerce sur des documents historiques, et cela la distingue de la linguistique.

espaces de temps célèbres dans la vie des sociétés
humaines par la *Teoria dei periodi politici* (1874), résu-
mé elle-même de trente ans d'études. En un mot ses
investigations détaillées, *chiffrées* sur l'histoire des
divers peuples, lui avaient fourni, depuis longtemps,
d'immenses et précieux matériaux, l'avaient invité à
grouper ses extraits, les formules qui en découlaient
et leurs rapprochements inattendus.

Parmi ces rapprochements il en est un peu rassu-
rant : la période actuelle et *extrême* des révolutions,
espérons-le, cette période descend à cinq ans. En outre,
pour la conjurer, il faut varier ses systèmes de gouvernement, se mettre à la tête de la portion agitée des
assemblées, et choisir les ministres dans la gauche
plutôt que dans la droite. M. Ferrari conclut à peu
près en ces termes ; l'avenir dira si l'Italie a eu raison
de procéder ainsi, et si les autres Etats la doivent
imiter.

Un deuxième rapprochement, c'est que la simplifica-
tion du pouvoir prolonge la vie des rois, sans toutefois que l'auteur nous dise nettement en quoi la
société gagne à un long règne, en sorte que cet écha-
faudage de calculs, en ce qui concerne les règnes très-
longs, semble aboutir à un simple intérêt de curiosité.
Il en est autrement des règnes très-courts, car leur
fréquence est regrettable et peut devenir dangereuse.

M. Ferrari nous semble plus enclin à découvrir des
lois historiques dans le passé, qu'une panacée pour
éviter à l'avenir les révolutions, et, de fait, si les révolutions prenaient la mauvaise habitude de disparaître,
il n'y aurait plus de lois semblables. Néanmoins l'indication de ses points de rebroussement me semble
utile, on peut en tirer parti, je l'ai dit et le répète,

parce qu'il se rencontre là un recoin immédiatement
pratique qui se voit assez rarement dans les ouvrages
de ce penseur émérite.

A-t-il autant raison quand il prétend que les conquérants vivent et règnent tranquilles? Oui les conquérants habiles et heureux, car par ce mot il n'entend
pas autre chose, et le vainqueur pour employer une
expression vulgaire, c'est le *marteau* qui a frappé et
pulvérisé les vaincus, c'est-à-dire les peuples réduits,
vis-à-vis de lui, *à l'état d'enclume ;* ainsi voilà une
vérité triviale qui se trouve en notre auteur, sans que
le groupement des chiffres avoisinants lui donne
aucune force, aucun degré de plus de vérité.

En terminant nous dirons avec M. Cantoni : « Si
nous repoussons un grand nombre des théories de
Ferrari [1], nous honorons en lui un esprit élevé et original ; » puis nous ajouterons, à la conclusion de l'académicien italien [2], « il faut compter, aujourd'hui qu'il
n'est plus, Joseph Ferrari parmi les gloires philosophiques de sa patrie ».

[1] Par exemple : *Guerre au Christ* (V. sa page 43); mais ces théories,
assez saint-simoniennes, concernent encore plus l'Italie que la France, et
c'est pourquoi nous ne nous y arrêterons pas.

[2] La *Commemorazione* de M. Cantoni a été lue en séance publique à
l'Institut lombard, le 15 novembre 1877 ; elle est dédiée par son auteur
à M. Tullo Massarani.

TABLE DES MATIÈRES

LISTE CHRONOLOGIQUE

DES PUBLICATIONS DE M. DE LA BARRE DUPARCQ

1844

De la Fortification à l'usage des gens du monde, broch. in-8, avec 1 planche. Paris, chez Carilian-Gœury.

1847

Théorie analytique de la fortification permanente, par le colonel *Don José Herrera Garcia*, traduit de l'espagnol, 1 vol. in-8, avec atlas. Paris, chez Corréard.

1848

Biographie et Maximes de Blaise de Montluc, broch. in-8. Paris, chez Corréard.

Le plus Grand Homme de guerre, broch. in-8. Paris, chez Corréard.

Utilité d'une édition des Œuvres complètes de Vauban, broch. in-8. Paris, chez Corréard.

Capitaines anciens et modernes, par le général *Evaristo San Miguel*, traduit de l'espagnol, broch. in-8. Paris, chez Corréard.

1849

Considérations sur l'art militaire antique et sur l'utilité de son étude, broch. in-8. Paris, chez Corréard.

De la Création d'une bibliothèque militaire publique, broch. in-8. Paris, chez Corréard.

Description d'une éprouvette portative, par le général de Zoller, traduit de l'allemand, avec 5 planches, broch. in-8. Paris, chez Corréard.

1851

Notice sur Jacques-Nicolas Moreau de Champlieu, administrateur de douanes, broch. in-8, édité par l'auteur.

Biographie et Maximes de Maurice de Saxe, broch. in-8. chez Corréard.

Principes de la grande guerre, par l'archiduc Charles d'Autriche, 1 vol. in-8, avec 25 plans. Paris, chez Corréard.

Utilité d'écrire l'histoire des régiments de l'armée, opuscule suivi de l'*Histoire du régiment de Jaën*, par le général comte de Clonard, broch. in-8. Paris, chez Corréard.

1853

Commentaires sur le traité de la guerre de Clausewitz, 1 vol. in-8. Paris, chez Corréard.

1854

Lettre sur la nécessité de l'étude, des sciences et des arts dans la profession militaire, broch. in-8. Paris, chez Corréard.

Histoire de l'art militaire chez les anciens, par A. de Ciriacy, 1 vol. in-8, chez Corréard, traduit de l'allemand.

1855

Remarques sur les relations des langues militaires française, allemande et espagnole, broch. in-8, chez Corréard.

Portraits militaires, esquisses historiques et stratégiques, 2 vol. in-8. Paris, chez Tanera (un 3e vol. a paru en 1861).

1856

Etudes historiques et militaires de la Prusse, 2 vol. in-8, Paris, chez Tanera, traduites en allemand par M. le baron de Reinhardt.

Des Sources bibliographiques militaires, broch. in-8, chez Tanera.

Histoire de la fortification permanente, du général A. de Zastrow, trad. de l'allemand, 2 vol. in-8 et atlas, chez Dumaine et Ch. Tanera.

1857

Opinions et Maximes de Frédéric le Grand, broch. grand in-18, chez Tanera.

1858

Eléments d'art et d'histoire militaires, 1 vol. in-8, avec figures, chez Tanera, traduits en anglais par M. le général Cullum.

Histoire militaire de la Prusse avant 1756, 1 vol. in-8, avec 6 plans, chez Tanera, traduite en italien par M. B.-E. Maineri.

1861

Parallélisme des progrès de la civilisation et de l'art militaire, mémoire, broch. in-8, chez Tanera.

1862

L'Art des indices, particulièrement à la guerre, mémoire broch. in-8, chez Tanera.

1863

Hannibal en Italie, mémoire, broch. in-8, chez Tanera.

Notice sur l'académie militaire de Breda, broch. in-8, chez Tanera.

1864

L'Art militaire pendant les guerres de religion, mémoire, broch. in-8, chez Tanera.

Histoire de l'art de la guerre, depuis son origine jusqu'à nos jours, 2 vol. in-8, chez Tanera.

1865

Le Bonheur à la guerre, mémoire, br. in-8, chez Tanera, traduit en allemand par M. de Gebler.

1866

Des Imitations militaires, mémoire, broch. in-8, chez Tanera.

Un Hélléniste en épaulettes, petit article, broch. in-8, chez Tanera.

1867

Réflexions sur les talents militaires de Louis XIV, mémoire, broch. in-8, chez Tanera.

Histoire de François II, roi de France, 1 vol. in-8, avec portrait.

La Gloire des armes chez Corneille, petit article, chez Tanera.

1868

Des Rapports entre la richesse et la puissance militaire des États, mémoire, broch. in-8, chez Tanera.

Causerie sur Vauban, petit article, broch. in-8, chez Tanera.

1869

Richelieu ingénieur, mémoire, broch. in-8, chez Tanera.

Puissance de destruction à la guerre, petit article, broch. in-8, chez Tanera.

Les Chiens de guerre, étude historique, in-32, chez Tanera.

1870

Du Nombre des tués dans les batailles, mémoire, in-8, chez Tanera.

Causes de faiblesse de la Prusse, petit article, in-8, chez Tanera.

Essai sur le caractère d'Hannibal, broch. in-8, chez Tanera.

1871

François Ier et ses actions de guerre, mémoire, broch. in-4, chez Tanera.

De la Création d'une chaire d'administration à l'École polytechnique, petit article, broch. in-8, chez Tanera.

Tablettes d'un assiégé, 2 broch. in-8, chez Tanera.

1872

Le Soldat français comparé aux soldats étrangers, mémoire, broch. in-8, chez Tanera.

Flatteries guerrières de Boileau, petit article, broch. in-8, chez Tanera.

1873

Histoire militaire des femmes, 1 vol. in-8, édité par l'auteur.

Maximes militaires de Machiavel, mémoire, broch. in-8, chez Tanera, traduites en italien par M. le colonel Mariani.

La Bruyère et les Guerriers, petit article, broch. in-8, chez Tanera.

L'Afrique depuis quatre siècles, dépeinte par huit croquis successifs, avec un texte, broch. in-4, édité par l'auteur, 2e tirage.

Configurations de la mer Caspienne, avec 1 planche, broch. in-8, édité par l'auteur.

Pertes territoriales de la France, avec cartes, broch. in-8, chez Tanera.

Les Chats de guerre, in-32, édité par l'auteur (*Voyez* 1878).

1874

La Monnaie de Turenne, mémoire, broch. in-8, chez Tanera.

Cerisantes, ou un Poète guerrier sous Louis XIII, broch. in-8, chez Tanera.

1875

Histoire de Charles IX, 1 fort vol. in-8, édité par l'auteur.

Nos Défauts militaires apparaissent dès 1867, petit article, chez Tanera.

Principes de guerre, mis à la portée de tous, broch. in-8, chez Dumaine, traduite en espagnol par M. le lieutenant-colonel don Manuel Cano y Leon.

Souvenirs poétiques, publiés par B.-E. Maineri, grand in-18. Milan, chez Bortolotti.

1876

Les Cents de pensées, broch. in-18, édité par l'auteur.

Opinion de Montaigne sur nos troubles, mémoire lu (*à paraître*).

Trois Monologues, suivis d'un *Lever de rideau* (*Un Homme en cage*), grand in-18, imprimé à Évreux par Ch. Hérissey, et édité par l'auteur.

1877

Rabelais et le Pôle nord, broch. grand in-18. Paris, édité par l'auteur.

Notes bibliographiques italiennes, ou *Notices sur MM. Mossarani, le colonel Mariani, J.-B. de Crollalanza, Maineri, Muoni, Bizzozero*, broch. in-8. Paris, chez Ch. Tanera.

1878

Les Chats de guerre, 2ᵉ édition. (*Voyez* 1873.) Édité par l'auteur.

Mr. Mᴵˡˡᵉ et Mᵐᵉ de Scudéry, suivi d'un appendice sur cette dernière, broch. in-8. Brest, imprimé par Gadreau.

Développements et Limites de la géographie, broch. in-8. Paris, chez Dumaine.

Essai sur une théorie des frontières, broch. in-8. Paris, chez Tanera.

1879

Définition développée de l'art militaire, broch. in-8. Paris, chez Ch. Tanera.

La Fare et Sévigné, ou *l'achat d'un guidon*, in-8°.

Le Central asiatique et le chemin de Tombouctou, in-8°.

Notes sur Machiavel, Montesquieu et Ferrari, in-18.

Évreux, Ch. HÉRISSEY, imp. — 479